서연이와 한준이의
재미있고 신나는 경제 교실

서연이와 한준이의
재미있고 신나는 경제 교실

초판 1쇄 찍은날 2024년 10월 14일
초판 1쇄 펴낸날 2024년 10월 21일

글 김인철 | 그림 안혜란
펴낸이 서경석
책임편집 김진영 | 편집 이봄이 | 디자인 권서영
마케팅 서기원 | 제작·관리 서지혜, 이문영
펴낸곳 도서출판 청어람 | 출판등록 2009년 4월 8일(제313-2009-68호)
본사 주소 경기도 부천시 부일로483번길 40 (14640)
주니어팀 주소 서울특별시 구로구 디지털로 272 한신IT타워 404호 (08389)
전화 02)6956-0531 | 팩스 02)6956-0532
전자우편 juniorbook0@gmail.com
블로그 blog.naver.com/juniorbook
인스타그램 @chungeoram_junior

ISBN 979-11-04-40000-1 73320

ⓒ 김인철, 안혜란, 청어람주니어 2024

※ 청어람주니어는 도서출판 청어람의 아동·청소년 브랜드입니다.
※ 이 책의 내용 일부 또는 전부를 재사용하려면 반드시 저작권자와 청어람주니어 양측의 동의를 얻어야 합니다.

서연이와 한준이의

재미있고 신나는 경제 교실

김인철 글 | 안혜란 그림

지은이의 말

 이 책은 아빠와 엄마 그리고 서연이와 한준이네 한 가족이 일상생활에서 겪는 이야기를 통해 경제를 쉽게 이해할 수 있도록 만든 경제 동화입니다. 주인공인 서연이는 초등학교 6학년이고 한준이는 4학년입니다. 아빠는 아이들과 무릎을 맞대고 앉아 아주 쉬운 말로 그리고 단계적으로 경제 원리와 경제 현상을 설명해 줍니다.

 경제를 이야기하려면 어려운 한자 말이 자주 등장합니다. 초등학생들이 이해하기에 벅찬 용어들을 쉽게 풀어 주는 일이 글을 쓰는 동안 내내 저자를 힘들게 했던 부분입니다. 글을 쓰는 동안 '서연이와 한준이가 이 말을 이해할 수 있을까?', '어린이 독자들이 재미없다고 책을 덮어 버리지는 않을까?'라는 생각을 하면서 조금이라도 더 쉽고 더 흥미롭게 쓰려고 애를 썼습니다. 또한 우리의 생활에서 일어나고 만나게 되는 사례들을 중심으로 이야기를 풀어 나감으로써 여러분이 책을 읽는 동안에 자연스레 경제를 이해할 수 있도록 했습니다.
 요즘 들어 어린이를 대상으로 한 경제 교육에 사회적 관심이 쏠리

고 있습니다. 아주 바람직한 현상입니다. 그러나 돈을 버는 재테크 기술이나 주식 투자의 비법을 가르치는 것이 경제 교육이라고 오해하는 분들도 적지 않은 것 같습니다.

  저자는 우리가 매일매일을 살아가는 일 그 자체가 경제라는 사실, 경제의 원리를 알고 경제 현상에 대한 이해를 높이면 슬기롭게 세상을 사는 지혜를 저절로 얻을 수 있다는 사실을 여러분에게 일깨워 주고 싶었습니다.

  자원은 원래 유한한 것이므로 우리는 원하는 모든 것을 다 가질 수도 없고, 원하는 모든 것을 다 이룰 수도 없습니다. 그러므로 그중 가장 투자할 가치가 큰 것을 선택하여 우리의 유한한 자원인 시간과 노력과 돈을 들여야 합니다. 따라서 살아가는 동안 우리는 온갖 선택의 문제에 직면하게 됩니다. 그리고 어떤 선택을 하는가에 따라 성공하는 사람과 실패하는 사람이 나뉘고 경제적으로 여유로운 삶과 가난한 삶이 나뉘게 되는 것입니다. 어렸을 때부터 경제를 배운다면 여러

분은 살아가면서 부딪히는 문제 상황에서 언제나 최선의 선택을 할 수 있게 될 것입니다.

저자는 조선일보사가 발행하는《소년조선일보(현재 어린이조선일보)》에 5년 동안 연재한 '김인철 선생님의 알기 쉬운 경제' 내용과 매일경제에서 발행하는《틴 매일경제》의 '알기 쉬운 금융' 란에 기고했던 내용을 바탕으로 이 책을 썼습니다.

책은 크게 1부와 2부로 나누어져 있습니다. 1부에서는 기본적인 경제 원리를 설명하였고, 2부에서는 시사 경제 문제를 다루었습니다. 경제 원리 편에서는 일상생활에서 일어나는 일과 사건들을 통해 여러분들의 궁금증을 하나하나 풀어 나가면서 경제의 기본 원리와 경제 현상을 이해할 수 있도록 하였습니다. 시사 경제 편에서는 언론에 자주 등장하는 최근의 경제 이슈들에 관한 내용을 다뤘습니다. 시중에 이미 나와 있는 어린이 경제 관련 책 중에는 시사 문제를 함께 다룬 책을 찾아 보기가 어려웠습니다. 이제 여러분도 미래의 경제 주체

로서 우리나라 경제·사회의 움직임은 물론 글로벌 경제 속에서 세계적인 문제들에 대해서 관심을 가져야 할 것입니다.

 다행히도 2007년 12월 초판 1쇄가 나온 이후 많은 어린이들이 독자가 되어 주어 여러 쇄를 거듭할 수 있었습니다. 저자로서는 커다란 보람이며 기쁨이 아닐 수 없습니다. 이번에 청어람주니어에서 새롭게 단장한 개정 신판으로 다시 어린이 독자들을 만나게 된 것을 매우 기쁘고 다행스럽게 생각합니다.
 어린이 여러분이 내일의 훌륭한 경제 주체로 자라나는 데 이 책이 미더운 길라잡이가 되기를 바라는 마음 가득합니다.

지은이 김인철

차례

지은이의 말   4

제1부 경제 원리

01 경제_우리의 삶이 곧 경제 활동   16

02 재화와 서비스_우리 생활에 꼭 필요한 두 가지   20

03 경제재와 자유재_거저 얻는 것과 대가를 치러야 얻는 것   24

04 기회비용_선택에는 비용이 따른다   29

05 소득_근로나 자산 운영 등을 통해 얻는 수입   32

06 소비_경제를 움직이는 힘   37

07 저축_미래의 소비를 위한 준비   40

08 시장_물건과 서비스가 거래되는 곳   44

09 시장 경제_경제 문제가 시장에서 해결된다   47

10 수요와 공급_시장 가격을 결정하는 요인   52

11	경쟁_사회의 발전을 부르는 힘	55
12	기업_경제 활동을 하는 조직체	59
13	기업가 정신_기업의 발전은 곧 나라 경제의 발전	62
14	화폐의 발전 과정_조개껍질부터 지폐까지	66
15	화폐의 기능_거래를 매개하고 값어치를 표시	70
16	통화량_시장에 돌아다니는 돈의 양	74
17	직업_적성과 능력에 맞는 일	77
18	인플레이션_물가는 오르고 돈 가치는 떨어지고	81
19	금융_경제의 동맥	84
20	경기_좋았다 나빴다 계속 변한다	87
21	물가_여러 상품의 종합적·평균적 가치	91
22	세금_나라 살림을 꾸리는 데 쓰이는 돈	94

23	무역_나라와 나라 사이 물건을 사고팔다	98
24	1인당 국민 소득_한 나라 국민의 소득 수준	103
25	주식_한 기업의 주인이 여러 명	106
26	금리_돈을 빌려 쓰면 내는 사용료	110
27	부동산_움직여서 옮길 수 없는 재산	113
28	보험_뜻밖의 경제적 손실에 대비	118
29	서비스 산업_서비스 상품을 제공하는 산업	121
30	경제 성장률_사람이 자라듯 나라 경제도 자란다	125
31	정부_민간이 하기 어려운 일을 맡아 한다	128
32	경상 수지_외국과의 거래에서 생기는 수입·지출의 차이	131
33	환율_우리 돈과 달러의 교환 비율	136
34	노동조합_근로자의 이익을 위한 단체	140

35 신용_믿을 수 있어야 거래를 한다 144

36 실업_일하고 싶어도 일자리가 없다 148

제2부 시사 경제

01 고령 사회_돌봐야 할 노인이 늘어난다 154

02 자유 무역 협정(FTA)_나라와 나라끼리 무역을 자유롭게 158

03 IMF 경제 위기_외환 부족이 부른 국가적 위기 162

04 구조 조정_산업이나 기업의 효율성을 높이는 일 166

05 최저 임금_근로자 보호를 위한 임금의 최저 수준 170

06 국가 예산_한 해 동안의 나라 살림살이 계획 174

07 국민연금_국가가 운영하는 연금 보험 178

08 외국인 투자_외국인도 우리나라에서 사업을 한다   182

09 지식 재산권_창작물은 그것을 만든 사람의 재산   186

10 지구 온난화_온실가스를 줄여라   191

11 국가 경쟁력_한 나라의 총체적인 경제력   194

12 피부 물가와 지수 물가_장바구니가 가볍게 느껴지는 이유   198

13 외환 보유액_나라의 비상금   201

14 노사 분규_화합해야 모두에게 이익   205

15 리콜 제도_결함 있는 제품의 교환과 수리   208

16 국가 채무_나라 살림살이를 위해 정부가 지는 빚   212

17 물류_상품을 생산지에서 소비자에게로   215

18 출산율_태어나는 아기들이 줄어든다   220

19 도덕적 해이_상대가 모른다고 최선을 다하지 않는 것   223

20	공적 자금_은행을 정상화시키기 위해 지원된 돈	228
21	주택 연금(역모기지 론)_집을 담보로 받는 노후 생활비	232
22	비정규직 근로자_일정 기간만 일하는 불안정한 고용 형태	236
23	국가 신용 등급_한 나라의 신용 성적표	241
24	세계 무역 기구(WTO)_국제 무역 규칙을 만들고 무역 분쟁을 해결하다	244
25	기후 변화 협상_전 세계가 지구 온난화 방지에 나서다	248
26	공유 경제_재화와 서비스를 함께 나눠 쓴다	252
27	외국인 고용 허가제_외국인 근로자에게도 동등한 대우를	256
28	시장 개방_우리 시장에서 외국 기업이 상품을 판다	260
29	예금 부분 보호 제도_은행이 문을 닫으면 내 예금은?	264
30	4차 산업 혁명_지능 정보 통신 기술이 불러오는 혁신적 변화	268

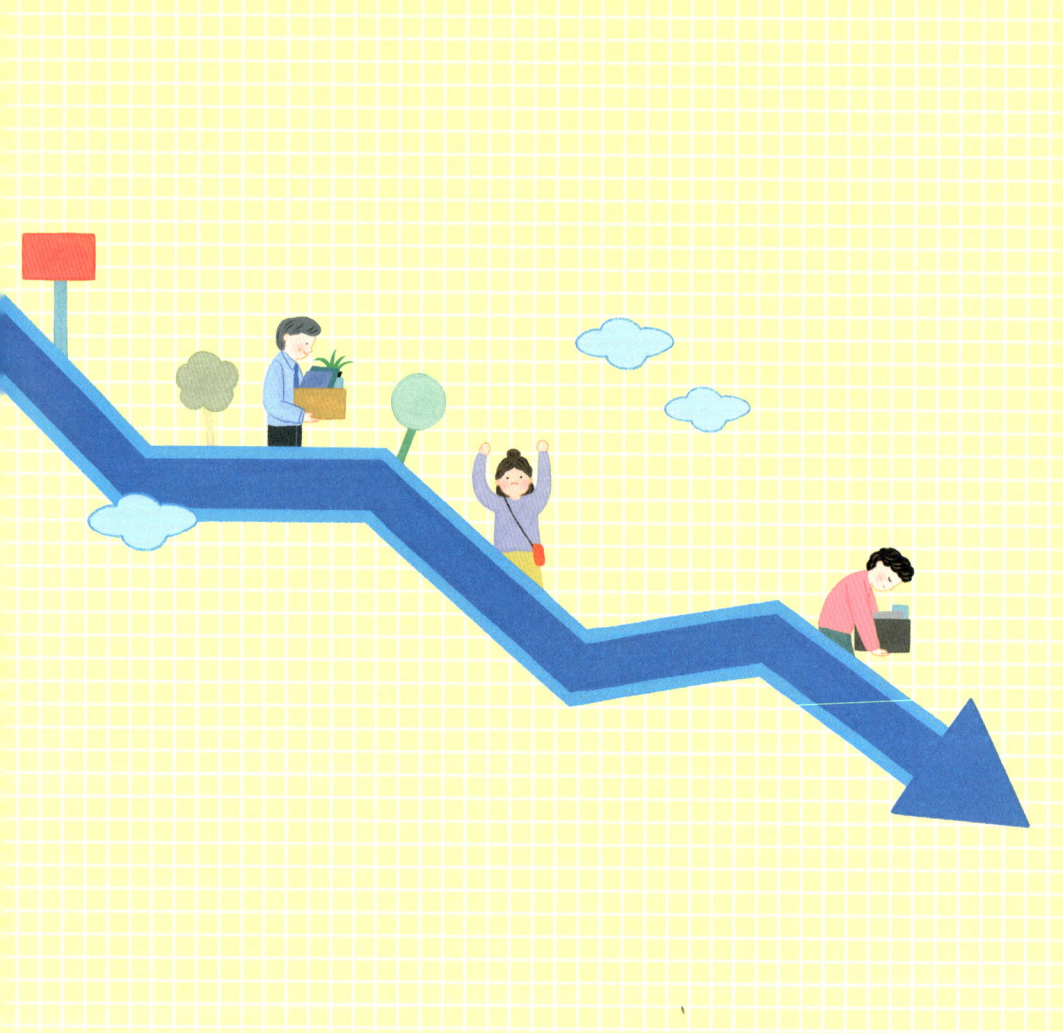

제1부
경제 원리

경제
우리의 삶이 곧 경제 활동

"야호! 누나는 이 돈으로 뭐 살 거야?"

한준이가 5만 원짜리 지폐 한 장을 치켜들고 신이 난 목소리로 말했습니다.

"음… 난 아이돌 굿즈도 사고 싶고 동화책도 사고 싶은데, 뭘 살 건지 고민하는 중이야."

"나도 문화 상품권을 살지 다른 걸 살지 생각해 봐야겠다. 헤헤."

초등학교 6학년 서연이와 4학년 한준이는 남매입니다. 둘은 할머니에게 받은 용돈을 어떻게 쓸까 즐거운 고민 중이었습니다.

 교과 연계 I 4-2 사회 2. 필요한 것의 생산과 교환 (1) 경제 활동과 현명한 선택

"너희들이 경제를 알면 결정 내리기가 좀 더 쉬울 텐데."

둘의 대화를 듣던 아빠가 웃으며 말했습니다.

"경제라고요? 경제는 무지 어려운 거잖아요."

서연이가 화들짝 놀랐습니다.

"경제가 결코 어려운 게 아니야. 사람들은 보통 돈을 버는 일만 경제라고 생각하기가 쉬운데, 우리의 일상생활은 다 경제와 관련이 있단다. 자, 말이 나온 김에 오늘부터 경제 공부를 시작해 볼까?"

"공부요? 숙제하느라 조금 전까지 공부했는데……."

한준이가 투덜거리며 금세 풀 죽은 표정을 지었습니다.

"하하. 경제를 아는 건 중요해. 누구나 하고 싶은 일을 다 하기에는 돈이나 시간, 자원이 부족하잖아. 그런데 경제를 잘 알면 가장 적은 시간과 비용으로 가장 큰 효과를 얻을 수가 있지. 아마 저축도 늘어나고 성적도 올라갈걸. 싫어? 그러면 그만둘까?"

아빠가 아이들의 표정을 보며 싱긋 웃더니 그만 자리를 뜨려는 시늉을 했습니다.

"아니에요, 아빠. 얘기해 주세요."

서연이와 한준이는 얼른 아빠를 붙잡았습니다. 아빠 말을 듣고 마음이 바뀐 것 같았습니다.

"경제란 우리들이 살아가는 데 유용하게 쓰이는 무수한 물건들을 만들어 내고(생산) 나누고(분배) 이용하는(소비) 일체의 활동을 말한단다. 그러니까 우리가 먹고 입고 잠자고 일하고 공부하고 게임을 하는 모든 일상적인 삶이 곧 경제 활동인 셈이지."

"네에? 잠자는 것도 경제 활동이라고요?"

아이들의 눈이 둥그레졌습니다.

"왜냐하면 잠을 자려면 집과 이부자리가 있어야 하고, 잠자는 시간만큼 다른 일을 하지 못하잖아. 그래서 잠자는 것도 경제 활동이 되는 거란다."

그때 아빠가 반창고를 붙인 한준이의 무릎을 발견하고 눈짓으로 어쩌다 다쳤냐고 물었습니다.

"교실까지 뛰어가다가 넘어졌어요."

한준이가 새삼 아픈 듯 미간을 찡그리며 한껏 응석을 부렸습니다. 오늘 아침 서연이와 한준이는 늦잠을 자는 바람에 아침도 먹는 둥 마는 둥 하고는 지각할까 봐 아빠 차를 타고 학교에 갔습니다.

"저런, 시간을 경제적으로 써야지. 경제적이라는 건 똑같은 일을 하더라도, 계획을 잘 짜고 시간을 잘 활용하고 물건을 효과적으로 잘 사용해서 좋은 결과를 얻는 것을 말한단다. 그러니까 경제를 배워야 하는 거야."

"넵! 아빠."

서연이와 한준이가 커다란 목소리로 합창하듯 대답했습니다.

재화와 서비스
우리 생활에 꼭 필요한 두 가지

"얘들아, 어린이 경제 프로그램 시작했다!"

TV 화면에 '우리가 살아가는 데 필요한 재화와 서비스를 생산하고 분배하고 소비하는 행위가 곧 경제 활동'이라는 글씨가 크게 보였습니다.

"재화와 서비스라는 말을 처음 들어 봤는데, 넌 들어 봤니?"

"누나가 모르는 거면 나도 당연히 모르지. 진행자 아저씨한테 물어보면 안 될까? 헤헤."

한준이가 TV 화면을 향해 질문 있다면서 장난스레 손을 번쩍 치켜

 교과 연계 l 4-2 사회 2. 필요한 것의 생산과 교환 (1) 경제 활동과 현명한 선택

들었습니다. 그러나 프로그램이 끝날 때까지 진행자 아저씨는 재화와 서비스에 대해 설명해 주지 않았습니다. 이런 모습을 지켜보던 아빠가 프로그램이 끝나자 거실로 나왔습니다.

"사람들이 살아가는 데 유용하게 쓰이는 것을 크게 두 가지로 나눌 수가 있는데, 그게 바로 재화와 서비스란다. 우리가 생활하는 데 꼭 필요한 것들을 한번 꼽아 볼까?"

"음, 스마트폰, 컴퓨터, 옷, 집, 음식, 책상, 책, TV, 책가방, 자동차 그리고… 문화 상품권이요."

한준이가 얼른 대답했습니다.

"맞아. 살아가는 데 필요한 그런 쓸모 있는 물건들을 재화(財貨)라고 한단다. 재화는 모양이 있어서 우리가 눈으로 볼 수 있고 만질 수 있는 물건을 말하지."

"그러면 서비스는요?"

"아무리 좋은 학교 건물이 있고 책상과 책이 있더라도 선생님이 없다면 우리가 공부를 할 수가 없겠지? 또 아무리 좋은 치료제가 있더라도 이를 제대로 이용할 수 있게 해 주는 의사가 없다면 아무 소용이 없겠지?"

서연이와 한준이가 고개를 끄덕였습니다.

"우리가 살아가려면 재화뿐 아니라 전문가나 기술자 등 다른 사람의 도움이 꼭 필요하단다. 이처럼 사람들에게 도움을 주거나 사람들을 즐겁게 해 주는 일을 통틀어서 서비스라고 말하는 거야."

"아빠, 재화와 서비스의 차이를 좀 더 쉽게 설명해 주세요."

서연이가 아직 확실히 구별하기 어렵다는 듯 고개를 살짝 갸우뚱거리며 말했습니다.

"예를 들어 정육점에서 파는 소고기는 재화이고, 식당에서 그 소고기로 요리를 만들어서 손님들에게 파는 건 서비스가 되는 거지. 또 시내버스를 보자. 버스는 재화이지만 요금을 받고 우리를 목적지까지 태워다 주는 건 서비스란다."

"소방관이 불을 끄는 일, 환경미화원이 청소하는 일도 서비스에 속할 것 같아요."

"맞아. 우리 서연이가 잘 이해했구나. 그 밖에도 경찰관이 치안을 유지하는 일, 변호사가 변론을 하는 일, 건축가가 건물을 설계하는 일 등등 이 모든 것들이 다 서비스란다. 그리고 우리를 즐겁게 해 주는 서비스로는 어떤 게 있을까?"

"극장에서 영화를 상영하는 것, 가수가 노래를 부르는 것, 배우가 연기하는 것, 운동선수가 운동 경기 하는 것, 학교에서 재미있는 공부를 배우는 것……."

서연이가 손가락을 꼽아 가면서 생각나는 것들을 말했습니다.

"그리고 게임을 만드는 사람도 있어야 하고 프로 게이머도 있어야 해요."

한준이가 얼른 대답했습니다.
"게임은 절대로 빠트리지 않는구나."
아빠가 하하 웃었습니다.

03

경제재와 자유재
거저 얻는 것과 대가를 치러야 얻는 것

시골에서 주말을 보내고 서울로 돌아온 저녁, 서연이네 가족은 둘러앉아 옥수수를 먹었습니다.

"맑은 공기 속에서 자라서 그런지 옥수수가 더 맛있는 것 같아요. 서울에 들어서니까 공기가 탁한 걸 느끼겠던데요."

엄마가 공기가 좋은 곳에서 사는 사람들은 좋겠다고 말했습니다.

"공기도 이제 자유재가 아니라 귀한 경제재가 되어 버렸다니까."

아빠가 혀를 끌끌 찼습니다.

 교과 연계 ㅣ 4-2 사회 2. 필요한 것의 생산과 교환 (1) 경제 활동과 현명한 선택
ㅣ 4-2 사회 2. 필요한 것의 생산과 교환 (2) 교류하며 발전하는 우리 지역

"아빠, 자유재, 경제재가 무슨 뜻이에요?"

서연이는 모르는 게 나오면 바로바로 질문을 해서 부모님에게 칭찬을 받곤 했습니다.

"우리가 생활하는 데 없어서는 안 될 쓸모 있는 물건들을 통틀어서 뭐라고 한다고 했더라?"

"재화요!"

서연이가 얼른 손을 들고 대답했습니다.

"아빠, 저도 재화라고 대답하려고 했어요."

한준이는 서연이가 먼저 말한 게 못내 아쉬운 것 같았습니다.

"그래그래. 자, 재화는 크게 두 가지로 나눌 수가 있어. 희소해서 어떤 대가를 치러야 얻을 수 있는 걸 경제재라고 하고, 희소성이 크지 않고 아무런 대가를 치르지 않고도 얻을 수 있는 걸 자유재라고 한단다. 자연에서 거저 얻는 공기나 물, 햇볕이 대표적인 자유재지만 정보도 자유재라고 할 수 있지."

"그런데 맑은 공기는 자유재가 아닌지 오래인 것 같아요. 지리산 아래 마을의 맑은 공기를 담은 휴대용 공기 캔도 팔고 있던데요."

엄마가 궁금해서 그 상품을 한번 사 보고 싶다고 했습니다.

"맞아요. 옛날에는 자유재였던 것이 시간이 흐르면서 경제재로 변하는 일이 적지 않아요. 공기를 예로 들자면, 대기 오염이 심한 곳에서 깨끗한 공기는 더 이상 자유재가 아니라 경제재라고 보아야 해. 공기를 깨끗하게 유지하는 데 많은 돈과 노력이 들기 때문이지. 우리도 공기 청정기를 사서 쓰잖아."

"물도 배달시켜서 마시니까 자유재가 아닌 것 같아요."

서연이가 주방 쪽에 있는 생수병을 손으로 가리켰습니다.

"그렇겠지? 원래는 물도 자유재이지만 물이 오염된 곳에서는 맑은 물을 마시려면 오염된 물을 정화하는 데 돈을 들여야 하고, 지하에서 샘물을 끌어 올리는 데 돈이 드니까 물도 역시 경제재가 되는 거지."

이야기를 마치고 일어서려던 아빠가 더 알아 둘 게 있다면서 도로 앉았습니다.

"재화는 또 쓰임새에 따라서 소비재와 생산재로도 구분된단다. 말 그대로 소비재는 사람들이 직접 소비하는 재화이고, 생산재는 다른 재화를 만드는 데 사용되는 재화를 말하지. 서연 엄마, 깜짝 퀴즈! 밀가루는 소비재일까요, 생산재일까요?"

아빠가 장난스런 눈빛으로 엄마를 쳐다봤습니다.

"글쎄요. 집에서 칼국수를 만들어 먹으면 소비재가 되고, 빵 공장에서 빵의 원료로 사용하면 생산재가 되는 거 아닐까요?"

엄마가 자신 없다는 말투로 말했습니다.

"딩동댕, 정답입니다! 물도 우리가 집에서 사용하면 소비재이고, 공장에서 기계를 돌리는 데 쓰면 생산재가 되는 거랍니다."

"아차차, 나의 실수! 그런 줄 알았으면 시골 공기를 비닐봉지에 잔뜩 담아 오는 건데……."

한준이의 말에 온 식구가 웃었습니다.

기회비용
선택에는 비용이 따른다

[겨울 방학 계획표]

- 방학 숙제는 일찌감치 끝낸다.
- 인라인스케이트를 연습해서 실력을 쌓는다.
- 《해리 포터》 시리즈를 처음부터 끝까지 다 읽는다.
- 자전거를 혼자 탈 수 있게 연습한다.
- 게임 캐릭터의 레벨을 올린다.

한준이가 엄마에게 겨울 방학 계획표를 내밀었습니다.

 교과 연계 | 4-2 사회 2. 필요한 것의 생산과 교환 (1) 경제 활동과 현명한 선택

"공부는 언제 해? 하긴 그래, 건강이 최고니까 방학 땐 열심히 놀아라. 그런데 한준이 너, 나중에 한국은행 총재가 된다며? 그러려면 공부도 엄청 열심히 해야 될걸?"

"엄마, 한국은행 총재도 하고 프로 게이머도 하면 되잖아요. 유명한 프로 게이머가 되면 돈도 엄청 많이 번대요."

잠깐 풀이 죽었던 한준이가 다시 신이 났습니다.

"천 원으로 아이스크림도 사 먹고 도넛도 사 먹을 수 있어? 그리고 동시에 인라인스케이트도 타고 영화관에도 갈 수 있어?"

"에이, 엄마. 그게 어떻게 가능해요."

한준이가 말도 안 된다는 듯 고개를 좌우로 저었습니다.

"사람들은 갖고 싶은 것도 많고 하고 싶은 일도 많지만, 갖고 싶고 하고 싶은 걸 다 할 수 있을 만큼 자원이 무한정 있는 게 아니거든. 그래서 어느 것이 더 중요하고 바람직한 것인지 잘 판단해서 선택해야 하는 거야. 그러니까 우리의 삶은 선택의 연속이라고 할 수 있어."

옆에서 미소를 띤 채 듣던 아빠가 말했습니다.

"자원이라면 철광석이나 석유·물·목재·수산물 같은 걸 말하는 거죠?"

서연이가 뽐내듯이 말했습니다.

"응, 맞아. 그런데 그런 천연자원뿐 아니라 시간·노동력·기술 등도 우리 생활에서 대단히 중요한 자원이야. 이런 모든 자원들은 사람들의 욕구에 비해서 부족하기 때문에, 무엇인가를 선택하게 되면 다른 것들은 포기할 수밖에 없는 거란다. 그러니까 모든 선택에는 대가가 따르는 법이지. 즉, 기회비용을 치러야 해."

서연이와 한준이가 약속한 듯이 동시에 기회비용이란 말은 처음 듣는다고 했습니다.

"자원이 한정되어 있기 때문에 어떤 것 하나를 선택하면 다른 것은 포기해야 되잖아. 이때 포기한 것들 중에서 가장 아쉽고 아까운 것의 가치를 기회비용이라고 한단다."

"우아, 어렵다!"

한준이가 짐짓 비명을 지르는 시늉을 했습니다.

"한준이의 귀한 자원인 시간을 한국은행 총재가 되려고 노력하는 데 쓸 수도 있고 프로 게이머가 되는 데 쓸 수도 있겠지만, 둘 중 하나를 선택할 수밖에 없다는 거지. 예를 들어 한준이가 한국은행 총재가 된다고 하자. 그건 프로 게이머가 되는 걸 포기했다는 것이고, 프로 게이머를 포기한 것이 바로 한국은행 총재가 되는 데 들어간 기회비용이 되는 거란다."

"아, 난 둘 다 하고 싶은데……."

한준이가 아쉬운 듯 말했습니다.

05

소득
근로나 자산 운영 등을 통해 얻는 수입

"네가 말해."

"아냐, 누나가 말해."

서연이와 한준이가 서로를 어깨로 밀치며 엄마 아빠의 눈치를 살폈습니다. 그러다 어쩔 수 없다는 듯 한준이가 눈을 내리깐 채 머뭇머뭇 얘기를 꺼냈습니다.

"저, 엄마. 우리 용돈 좀 올려 주시면 안 될까요?"

"오호라, 너희들 용돈 올려 받을 궁리를 하고 있었구나. 아빠 소득은 그대로인데 지출할 일은 자꾸만 늘어나고, 가정주부 사표 낼까 보

교과 연계 | 6-1 사회 2. 우리나라의 경제 발전 (1) 우리나라 경제 체제의 특징

다."

엄마가 아빠를 향해 미소 지으며 농담을 했습니다.

"우리 가족은 아빠가 회사에 나가 일한 대가로 얻은 소득으로 살아가는 거란다. 그러니까 늘 아빠에게 감사하면서 용돈도 아껴 쓰고 그래야지. 안 그래?"

"자, 여러분. 오늘은 소득에 대해서 알아볼까요?"

아빠가 엄마에게 제발 사표는 내지 말아 달라고 우스갯소리를 하더니, 선생님 같은 말투로 말했습니다.

"재화와 서비스를 생산하는 데 꼭 있어야 할 성분이나 조건을 생산 요소라고 하는데, 생산 요소에는 노동·토지·자본 등이 있어. 사람들은 이런 생산 요소들을 제공하고 그 대가로 임금이나 임대료·이자 등의 수입을 얻게 되는데, 이것을 소득이라고 한단다."

"어렵다, 어려워. 온통 어려운 말투성이네."

서연이와 한준이는 중얼거리면서도 아빠가 하는 말을 열심히 받아 적었습니다.

"소득을 얻는 방법 중 가장 흔한 것이 근로 소득인데, 회사나 공장 등에서 일을 하고 받는 돈이야. 즉, 노동을 제공하고 대가를 받는 것이지."

"아빠는 그러면 근로 소득을 얻는 거네요?"

서연이가 얼른 나서며 말했습니다.

"그래, 맞아. 이것 말고 소득을 얻는 방법에 또 뭐가 있을까?"

"가게나 회사나 공장을 경영해서 벌어들이는 거요. 고모부처럼요."

이번에는 한준이가 대답했습니다.

"응, 맞아. 그런 걸 사업 소득이라고 하지. 그리고 부동산을 빌려주고 받는 임대료나 돈을 빌려주고 받는 이자, 은행에 저축한 돈에 대한 이자, 주식에 대한 배당금 등도 다 소득이 되지. 이런 걸 자산 소득이라고 해."

"아빠, 그러면 지출은요?"

서연이가 똘망똘망한 눈으로 아빠의 설명을 기다렸습니다.

"사람들은 소득으로 필요한 것을 사는 행위, 즉 소비를 하기도 하고, 나중에 필요한 데 쓰기 위해 저축을 하기도 하지. 이처럼 어떤 목적을 위해서 돈을 사용하는 걸 지출이라고 한단다."

"아빠의 소득은 정해져 있기 때문에 소비 계획과 저축 계획을 잘 세우고 꼭 필요한 곳에만 지출하는 습관이 필요해. 그래서 엄마는 우리 집의 경제생활을 기록하는 가계부를 쓰고 있단다."

엄마가 가계부를 펼쳐 보여 주었습니다.

"엄마, 저도 오늘부터는 용돈 기입장을 꼭 쓸게요. 그러니까 용돈 좀 올려 주시면 안 될까요?"

한준이가 엄마의 손을 잡고 생글거리며 애교 어린 목소리로 말했습니다.

06

소비
경제를 움직이는 힘

 오늘은 할머니 생신이어서 가까운 친척들이 모두 모여 음식점에서 저녁을 먹었습니다.
 "집에서 먹었으면 돈이 덜 들었을 텐데. 오늘 너희들이 돈을 많이 쓰는구나."
 할머니가 걱정스럽게 말했습니다.
 "어머니, 적당히 소비도 해야 나라 경제가 살지요."
 큰아빠가 할머니에게 웃으며 대답했습니다.
 "그래, 소비가 미덕이라고들 하더라. 옛날엔 아껴 쓰는 게 미덕이었

교과 연계 | 4-2 사회 2. 필요한 것의 생산과 교환 (1) 경제 활동과 현명한 선택

는데 말이다."

할머니는 살기 어려웠던 옛날을 회상하는 듯했습니다.

"큰아빠, 아껴 쓰면서 저축을 해야지 소비를 하는 건 나쁜 일이잖아요."

어른들의 대화를 듣던 한준이가 고개를 갸우뚱하더니 말했습니다.

"우리 한준이가 절약 정신이 아주 투철하구나. 그렇지만 소비는 나쁜 게 아니야. 오히려 우리 생활에 꼭 필요한 경제 활동이란다."

"네? 소비가 꼭 필요한 것이라고요?"

"한준아, 우리가 살아가려면 기본적으로 의식주, 다시 말해 옷과 음식과 집을 마련해야 하고 또 교육도 받아야 하고 여가도 즐겨야 되겠지? 이런 것들을 가리켜 소비라고 한단다. 소비가 없으면 재화나 서비스를 생산할 필요가 없어지는데, 그러면 살아갈 수가 없겠지?"

"외삼촌, 소비가 활발하게 이루어지면 기업들이 상품을 더욱 많이 만들어 내게 되고, 그러면 일자리도 늘어나니까 경제가 좋아지는 거라고 배웠어요."

중학생인 사촌 채원이가 관심을 보였습니다.

"그래, 채원이가 잘 알고 있구나. 그런데 자신의 소득 범위 안에서 알뜰하고 계획성 있게 소비하는 것이 바람직한 소비 행위, 즉 합리적 소비란다. 반면에 나쁜 소비 행위에는 어떤 것이 있는지 한번 알아볼까? 소비 지출이 자신의 소득에 비해 과도하게 많은 소비를 뭐라고 하는지 아는 사람?"

"과잉 소비요."

채원이가 얼른 대답했습니다.

"맞아. 이 밖에도 남들이 한다고 무조건 따라 하는 모방 소비, 남한테 돋보이려고 하는 과시성 소비, 광고를 보고 무조건 사는 충동 소비는 하지 말아야 하겠지? 합리적 소비를 하면서 미래의 소비를 위해서 저축도 해야 하고."

"그러니까 저축과 소비는 우리처럼 서로 사촌지간 같은 것이군요."

중학생인 치선이가 의젓하게 말했습니다.

"그렇단다. 그리고 저축은 투자로 이어져서 미래의 소비를 위해서 생산 능력을 늘릴 수 있게 하지."

"그래! 용돈을 아껴 열심히 저축을 하자. 그 돈으로 문화 상품권을 사서 게임을 하는 거야. 그러면 저축도 하고 소비도 하고 둘 다 하니까 나는 바람직한 경제 활동을 하는 거네!"

한준이가 중얼거리면서 씨익 웃었습니다.

저축
미래의 소비를 위한 준비

"나는 게임 왕이다!"

한준이가 외쳤습니다.

"나는 저축 왕이다!"

그러자 서연이가 더 크게 외치며 저금통장을 높이 치켜들었습니다.

"나는 저축 왕이 더 마음에 드는걸."

아빠가 웃으며 말했습니다.

"아빠가 누나 편을 들어서 저 삐졌어요."

한준이가 풀 죽은 표정으로 아빠에게 말했습니다.

 교과 연계 | 4-2 사회 2. 필요한 것의 생산과 교환 (1) 경제 활동과 현명한 선택

"저축을 하는 건 아주 바람직한 일이야. 저축이란 소득 중에서 소비하지 않고 아낀 부분을 모아 두는 걸 말한단다."

"돈을 항상 많이 많이 벌면 저축할 필요가 없잖아요."

한준이가 그게 왜 걱정할 일이냐는 듯 말했습니다.

"누구나 돈벌이를 항상 잘할 수는 없는 거란다. 직장을 잃기도 하고 사업이 망하기도 하고 또 몸이 아파서 일을 못 할 수도 있지. 또 나이가 들어서 늙으면 일을 할 수 없잖니."

"맞아요. 그럴 때에 대비해서 저축을 해 놓아야 한다고 선생님이 그러셨어요."

"서연이가 잘 알고 있구나. 저축은 현재에 소비를 안 하는 대신에 미래에 소비할 수 있도록 준비하는 것이라고 할 수 있지."

"우리 집 자동차도 엄마 아빠가 열심히 저축해서 마련한 거란다. 은행에서 돈을 빌려서 샀는데, 저축한 돈으로 빚을 다 갚았지. 그런데 요즘은 갚을 일은 생각 안 하고 소비부터 하고 보자는 사람이 너무 많은 것 같아. 그래서 신용 불량자가 자꾸 생겨나지."

그때 거실로 나오던 엄마가 미간을 찡그리며 말했습니다.

"저축은 주로 어떤 방식으로 하는데요?"

서연이는 요즘 들어 부쩍 질문이 많아져서 아빠 엄마를 놀라게 했습니다.

"저축은 주로 은행에 예금을 하거나 주식을 사는 방법으로 하게 된단다."

"선생님이 저축은 나라 경제에도 큰 도움이 된다고 하셨어요."

"그래. 은행은 우리가 저축한 돈을 기업에 빌려주게 되는데, 이걸 대출이라고 하지. 기업은 이 돈으로 공장을 짓고 기계를 구입해서 생산을 늘리기도 하고 새로운 상품을 개발하는 데 투자하기도 한단다."

"음, 그러니까 무조건 저축을 많이 하면 좋은 거군요."

한준이가 자신 있게 말했습니다.

"아빠, 사람들이 저축만 하고 소비를 너무 안 해도 문제가 된다고 하셨죠?"

서연이가 아빠에게 물었습니다.

"그래. 사람들이 소비를 안 하면 기업은 생산을 줄일 수밖에 없고, 그렇게 되면 일자리가 줄어들고 실업자가 늘어나지. 자신의 소득 수준에 맞는 소비를 하는 걸 합리적 소비라고 했잖아. 합리적인 소비를 하면서 미래에 대비해 저축을 하는 것이 바람직한 생활 태도란다."

"엄마, 저축 많이 하게 용돈 좀 올려 주시면 안 될까요, 네?"

한준이가 한껏 애교스러운 표정을 지어 보였지만 엄마는 짐짓 못 본 척했습니다.

08
시장
물건과 서비스가 거래되는 곳

"요즈음 부동산 시장이 많이 침체됐다는군."

"부동산 거래가 거의 없는 것 같아요."

"부동산을 시장에서 판다고요?"

아빠 엄마의 대화를 듣던 한준이가 고개를 갸우뚱거렸습니다.

"아, 시장? 너희들, 거래한다는 말 들어 봤지? 사람들이 물건이나 서비스를 사고파는 것을 거래라고 하고, 그런 거래가 이루어지는 곳을 시장이라고 하지."

아빠가 한준이와 눈을 맞추고 설명해 주었습니다.

 교과 연계 | 6-1 사회 2. 우리나라의 경제 발전 (1) 우리나라 경제 체제의 특징

"아! 남대문 시장, 농수산물 시장, 생선 시장, 꽃 시장 그리고 우리 동네 전통 시장 같은 곳이요?"

"한준이가 시장을 꽤 많이 아네. 또 어떤 시장이 있을까?"

"편의점, 백화점, 마트, 문구점, 그리고……."

이번에는 서연이가 손가락을 꼽아 가며 열심히 말했습니다.

"맞아. 그런 곳도 다 시장이지. 그런데 우리는 흔히 시장이라고 하면 건물이 있고 그곳에 물건을 늘어놓고 파는 시장만을 생각하기 쉽지만, 물건이나 서비스의 거래가 이루어지는 곳은 어디나 다 시장이라고 한단다."

"아, 그러면 부동산 시장은 부동산 거래가 이루어지는 곳을 말하는 거군요."

한준이가 이제 알겠다는 듯 고개를 끄덕거렸습니다.

"그렇단다. 아파트 같은 부동산이 거래되는 곳은 부동산 시장, 주식이 거래되는 곳은 주식 시장, 사람들이 일할 곳을 찾고 회사에서 필요한 사람을 뽑는 곳은 노동 시장, 돈을 빌리고 빌려주는 곳은 금융 시장, 외국 돈의 거래가 이루어지는 곳은 외환 시장이라고 하지."

"그러면 TV에 나오는 홈 쇼핑도 시장이겠네요?"

"그럼, 물론이지. 지난번 엄마가 인터넷으로 너희들 동화책 주문했던 일 생각나지? 그런 걸 전자 상거래라고 하는데, 건물도 없고 눈에 보이지도 않지만 그것도 시장이란다."

"시장이 있어서 참 편리한 것 같아요. 시장이 없으면 필요한 물건을 어디서 사야 하는지 몰라 헤매야 하잖아요."

"옛날에는 자기가 필요한 걸 직접 만들어 써야 했던 시절이 있었어. 물건을 팔거나 사기 위해서 사람들이 이 마을 저 마을을 돌아다녀야 했지. 그러다가 정해진 날짜에 정해진 장소에 모여 물건을 서로 바꾸면 편하다는 걸 알게 되었고, 이것이 바로 시장의 시초가 된 거란다."

"그런데요 아빠, 벼룩시장도 있잖아요. 벼룩시장은 뭘 파는 데죠? 설마 벼룩을 파는 데는 아닐 테고. 헤헤헤."

한준이는 제가 말해 놓고도 우스운지 머리를 긁적였습니다.

"사람들이 쓰던 물건(중고품)을 서로 필요한 물건으로 바꾸거나 아주 싼값으로 사고파는 곳을 벼룩시장이라고 한단다. 아마도 벼룩이 생길 정도로 낡은 물건을 사고판다고 해서 그런 이름이 붙은 것 같아."

"서연 아빠, 얘기 나온 김에 우리 이번 일요일에 동묘 벼룩시장 구경 한번 갈까요?"

엄마의 말에 서연이와 한준이가 환호성을 질렀습니다.

시장 경제
경제 문제가 시장에서 해결된다

소냐는 친구 생일 파티에 예쁜 양말을 신고 가고 싶었지만 양말이 없었습니다. 가난해서 돈이 없냐고요? 아닙니다. 소냐의 아버지는 소련 공산당의 높은 사람이었고 집도 부자입니다. 문제는 양말 가게에 여성용 양말이 하나도 없다는 것입니다. 나라의 경제 정책을 만드는 위원회가 생산해야 할 품목에 여성용 양말을 넣지 않았기 때문이지요. 그리고 그 위원회에는 여성이 한 명도 없었다는군요.

"아빠, 옛 소련이면 지금의 러시아죠? 그런데 이 얘기가 무슨 뜻이

교과 연계 | 4-2 사회 2. 필요한 것의 생산과 교환 (1) 경제 활동과 현명한 선택
| 6-1 사회 2. 우리나라의 경제 발전 (1) 우리나라 경제 체제의 특징

에요?"

서연이가 책을 읽다가 궁금하다는 표정으로 물었습니다.

"음, 지금부터 아빠가 하는 얘길 잘 들으면 무슨 말인지 알게 될 거야. 우리가 경제 활동을 하는 데 있어서 가장 중요한 문제가 바로 한정된 자원을 가지고 '무엇을', '누가', '누구를 위해' 생산할 것인가 하는 것이야. 그런데 이러한 경제 문제를 해결하는 방식에는 시장 경제와 계획 경제 두 가지가 있단다."

"시장 경제와 계획 경제요?"

"우리나라나 미국 같은 대부분의 나라에서처럼 사람들이 시장에서 자유롭게 거래를 하면서 경제 문제를 해결해 나가는 걸 시장 경제라고 한단다."

"그러면 계획 경제는요?"

"반대로 옛 소련이나 북한 같은 사회주의 나라에서처럼 무엇을 얼마만큼 생산할 것인지 그리고 그것을 어떻게 나눌 것인지를 나라가 결정하는 방식을 말하지."

"네에? 양말을 만드는 것까지 나라가 결정한다고요?"

"그래. 그렇지만 무엇이 얼마나 필요한지 정부가 다 알 수는 없잖아. 그러다 보니 어떤 상품은 너무 많이 만들고 또 어떤 상품은 이 책에서처럼 만들지 않는 경우가 생기지."

"아, 그래서 양말이 없구나."

서연이가 고개를 끄덕였습니다.

"그러나 시장 경제에서는 그런 일이 생길 수가 없어. 양말을 살 사람은 많은데 물건이 모자라면 양말을 만드는 회사가 물건을 많이 만들어서 시장에 내놓게 되거든."

"가격이 오르기도 하고 내리기도 하면서 물건이 남거나 모자라지 않게 자연스레 조절되는 거란다."

옆에 있던 엄마가 말했습니다.

"그러는 가운데 소비자들이 원하는 물건이 만들어지는 거야. 시장에 나온 물건이 소비자가 원하는 양보다 많으면 값이 떨어지고 부족하면 값이 오르기 때문이지. 그래서 남보다 물건을 더 좋고 값싸게 만드는 사람들이 성공하는 거란다."

"우리나라가 북한보다 잘사는 건 시장 경제 덕분인가 보죠?"

"서연이가 잘 이해했구나. 시장 경제에서는 개개인이 자신이 원하는 걸 얻으려고 노력하는 가운데 정부의 지시나 간섭 없이 경제 문제가 해결되고 발전하기 때문이지."

"타임머신이 있으면 좋겠다. 옛 소련으로 날아가서 양말을 팔면 금방 부자가 될 텐데. 헤헤."

한준이가 웃으며 말했습니다.

10
수요와 공급
시장 가격을 결정하는 요인

"와, 이 파인애플 무지 크다. 엄마, 제가 파인애플 좋아하거든요."

"엄마, 저 치마 참 예쁘지 않아요?"

엄마를 따라 마트에 온 서연이와 한준이가 이것저것 사 달라며 엄마를 귀찮게 했습니다.

"아빠, 시장에 있는 물건의 가격은 누가 정하는 거예요? 정부에서 하나요?"

집에 돌아온 서연이가 물었습니다.

교과 연계 | 4-2 사회 2. 필요한 것의 생산과 교환 (1) 경제 활동과 현명한 선택
| 6-1 사회 2. 우리나라의 경제 발전 (1) 우리나라 경제 체제의 특징

"물론 상품의 가격표는 그걸 파는 사람이 붙이지만, 실제로 그 가격을 정하는 건 수요와 공급이란다."

"수요와 공급요? 정부보다 힘센 곳인가요?"

한준이가 두 눈을 동그랗게 뜨며 질문했습니다.

"하하. 수요는 소비자들이 재화나 서비스 같은 상품을 사려는 생각이나 욕구를 말한단다. 쉽게 말해서 서연이가 지우개를 사려고 한다면 지우개에 대한 수요가 있는 것이고, 아빠가 치과에서 이를 치료하려 한다면 의료 서비스에 대한 수요가 있는 것이지."

아빠가 웃으면서 설명했습니다.

"아, 수요가 그런 거구나. 그러면 공급은요?"

한준이가 물었습니다.

"생산자들이 이익을 얻기 위해 재화나 서비스를 시장에 내다 팔고자 하는 생각이나 욕구를 공급이라고 한단다. 그러니까 소비자는 수요를 담당하고 생산자는 공급을 담당하는 것이지."

"생산자는 되도록 비싼 가격에 팔고 싶어 하고 소비자는 되도록 싼 값에 사려고 하겠네요."

서연이가 똘망똘망한 눈으로 아빠의 대답을 기다렸습니다.

"그렇지. 그래서 상품의 가격은 시장에서 소비자와 생산자 사이의 힘겨루기의 결과에 따라서 결정된다고 할 수 있지."

"소비자와 생산자가 씨름을 하는군요. 헤헤."

한준이가 재미있다는 듯 와하하 웃었습니다.

"더 싸게 사려는 소비자와 더 비싸게 팔려는 생산자가 서로 힘겨루기를 하다가 양쪽이 다 받아들일 수 있는 수준에서 자연스럽게 가격이 결정되는 것이란다."

그때 엄마가 저녁 준비를 끝내고 식구들을 불렀습니다. 한준이가 코를 킁킁거리더니 신나게 식탁으로 뛰어갔습니다.

"한우 가격이 지난번보다 좀 내렸더라고요."

엄마는 가격이 내리기도 한다면서 아빠를 향해 미소 지었습니다.

"수입 소고기가 많이 들어오는 바람에 한우 가격이 떨어졌군. 수요와 공급의 법칙이 작용하는 거지."

"아빠, 무슨 법칙이요?"

"어떤 상품의 가격이 오르면 소비자는 수요를 줄이는 반면에 생산자는 더 많이 공급하려고 하고, 반대로 가격이 떨어지면 수요자는 수요를 늘리고 생산자는 공급을 줄이려고 하지. 이걸 수요와 공급의 법칙이라고 한단다."

"게임 타이틀 가격도 많이 떨어지면 좋겠다."

한준이가 작은 목소리로 말했습니다.

11
경쟁
사회의 발전을 부르는 힘

"우아, 5만 7천 원이다. 누나는 통장에 얼마나 있어?"

"나는 5만 천 원. 내가 졌네."

한준이의 목소리가 힘찬 데 비해 서연이는 조금 풀 죽은 목소리로 말했습니다.

"너희들, 누가 더 많이 저축하는지 경쟁하는 거구나. 참, 생활 통지표 나왔더라?"

"엄마, 보셨어요? 저 수학 드디어 '잘함'이에요!"

교과 연계 | 4-2 사회 2. 필요한 것의 생산과 교환 (1) 경제 활동과 현명한 선택
| 6-1 사회 2. 우리나라의 경제 발전 (1) 우리나라 경제 체제의 특징

한준이가 기다렸다는 듯 집이 떠나가라 크게 외쳤습니다.

"난 국어와 사회 모두 '잘함'인데?"

서연이가 한준이에게 혀를 낼름 하더니, 이번 시험을 누가 더 잘 보는지 경쟁하기로 했다고 엄마 아빠에게 말했습니다.

"둘 다 지난번보다 성적이 더 좋아졌네. 경쟁은 좋은 거야."

엄마가 생활 통지표를 들여다보더니 서연이와 한준이의 머리를 쓰다듬었습니다.

"경쟁하기 때문에 우리 사회나 경제가 발전할 수 있는 거란다. 사람들 개개인은 자기가 원하는 걸 얻기 위해 경쟁을 하고, 그 노력들이 모여서 경제와 사회의 발전을 이끄는 힘이 되는 것이지."

아빠가 웃으며 말했습니다.

"그러니까 우리가 경쟁을 했기 때문에 저축도 늘어나고 성적도 더 좋아진 거로군요."

서연이가 고개를 끄덕였습니다.

"그렇지. 개인도 자신이 원하는 걸 얻으려면 경쟁에서 이겨야 하고, 기업도 시장에서 살아남으려면 소비자들이 원하는 물건을 싸게 잘 만들기 위해서 끊임없이 경쟁을 해야 하는 거란다. 서연아, 만약에 우리나라에 냉장고를 만드는 회사가 하나밖에 없는데 수입도 안 된다면 어떻게 될까?"

"품질이 안 좋아도, 가격이 아무리 비싸도, 애프터서비스를 잘 안

해 줘도 그걸 살 수밖에 없겠지요."

서연이가 경쟁하는 회사가 많아서 다행이라며 대답했습니다.

"그렇겠지? 경쟁 회사가 없으면 성능이 더 좋은 냉장고를 더 싸게 만들려고 노력할 필요가 없어져서 기술 발전도 이루어질 수 없고 소비자들도 손해를 보게 되지."

"냉장고 회사가 하나뿐이라면? 아휴, 생각만 해도 이상해라. 집집마다 똑같이 생긴 냉장고에다 가격도 회사 마음대로일 거 아냐."

엄마가 서연이 말이 맞다면서 고개를 끄덕였습니다.

"경쟁을 하면 꼭 이겨야죠? 저는 어제 친구랑 게임을 했는데 이겼어요."

엄마의 말을 받아 한준이가 자랑했습니다.

"그런 일에서는 꼭 이기지 않아도 된답니다, 도련님."

엄마가 한준이를 흘겨보는 시늉을 했습니다. 한준이는 멋쩍은 듯 씨익 웃었습니다.

"그런데 축구나 권투를 할 때도 경기 규칙이 있듯이 모든 경쟁은 정해진 규칙 안에서 정정당당하게 이루어져야 한단다. 기업 활동을 하는 데도 지켜야 하는 법이 있어. 공정 거래법이라고 하지."

"그런데요 아빠, 누나는 규칙을 안 지켰대요. 계획표에는 분명히 휴식 시간인데도 놀지 않고 공부를 했거든요. 헤헤."

"뭐라고?"

아빠가 어이없다는 듯이 웃었습니다.

기업
경제 활동을 하는 조직체

한준이는 오늘 기분이 아주 좋았습니다. 원주에 사는 고모부와 고모가 왔는데, 사촌형 종민이와 종혁이도 함께 왔기 때문이었습니다.

"요즘 사업하기가 많이 힘드시죠?"

아빠가 고모부를 맞으며 인사를 건넸습니다.

"어렵지, 뭐. 사람들은 기업의 고충을 잘 모를 거야. 안 그래도 일 때문에 잠시 올라왔어."

고모부는 아빠와 대화를 나눈 뒤 볼일이 있다면서 외출했습니다.

 교과 연계 | 6-1 사회 2. 우리나라의 경제 발전 (1) 우리나라 경제 체제의 특징
| 6-1 사회 2. 우리나라의 경제 발전 (2) 우리나라의 경제 성장

"아빠, 기업이 뭐예요? 회사와는 뭐가 다른 거죠?"

엄마를 도와 차 심부름을 하던 서연이가 물었습니다.

설명을 하려던 아빠가 한준이 방에 모여 스마트폰을 들여다보던 한준이와 사촌들을 모두 불러냈습니다. 한준이는 심술이 나서 볼이 탁구공만큼 튀어나왔습니다.

"경제 활동은 크게 생산과 소비, 분배로 이루어진다고 했지? 재화와 서비스를 생산하고 판매하는 모든 회사·공장·상점 등을 통틀어서 기업이라고 부른단다. 다시 말하면, 기업은 이윤을 얻기 위해서 생산·판매·서비스 같은 경제 활동을 하는 조직체야. 그리고 기업을 경영하는 사람을 기업가라고 부르고."

"아, 그러면 고모부도 기업가시네요. 그런데 이윤은 뭐예요?"

언제 심술이 났었냐는 듯 한준이가 눈을 반짝거리며 물었습니다.

"기업이 상품을 팔아서 얻은 전체 수입에서 그 상품을 만드는 데 들어간 모든 비용을 뺀 나머지 소득을 이윤(利潤)이라고 한단다. 이윤을 많이 내는 것이 바로 기업의 목적이기도 하지."

"아빠, 저도 커서 문구 회사 사장이 될 거예요. 그래서 명령만 하면 만화를 마음대로 그릴 수 있는 요술 연필도 만들고, 또 나쁜 생각은 지워 버리는 지우개도 만들 거예요."

그런데 한준이는 회사는 어떻게 만들어야 하는지 공장은 무슨 돈으로 지을 건지 아무것도 아는 게 없었습니다. 그래서 아빠에게 다시 물었습니다.

"먼저 기업의 종류에 대해 알아보자꾸나. 기업에 대한 책임이 누구에게 얼마나 있는지에 따라서 기업은 크게 개인 기업과 법인 기업으로 나뉜단다. 개인 기업은 기업을 세우는 데 필요한 돈을 개인이 마련하고 경영에 대한 책임도 직접 지는 형태인데, 기업 활동을 통해서 생기는 이윤도 개인의 소유가 되는 거지."

"그러면 법인 기업은 뭐예요?"

가만히 듣고 있던 종민이가 물었습니다.

"법인이라는 말이 아직 너희에겐 어렵겠지만, 기업 자체가 하나의 인격을 부여받고 권리와 의무를 갖게 되는 걸 법인 기업이라고 한단다. 여러 사람으로부터 자본을 모으는 데 가장 편리한 기업 형태이기도 하지. 너희들, 주식회사라고 들어 봤지?"

"네, 회사 이름 옆에 주식회사라고 쓰여 있는 걸 봤어요."

한준이가 얼른 대답했습니다.

"가장 일반적인 법인 기업이 주식회사인데, 오늘날 거의 대부분의 기업이 주식회사라고 할 수 있어."

"우리 아빠 회사는 개인 회사일까, 아니면 주식회사일까?"

종민이와 종혁이도 아빠 회사에 대해서 생각해 보게 되었습니다.

"좋아! 내 문구 회사 이름은 무지개 문구 주식회사다!"

한준이가 문구 회사 사장이 다 된 듯 신나서 말했습니다.

기업가 정신
기업의 발전은 곧 나라 경제의 발전

아빠와 고모부가 거실에서 차를 마시며 대화를 나누고 있었습니다.

"기업을 경영하는 형님 같은 분들이야말로 정말 표창을 받아야 될 것 같아요."

"기업 활동을 통해 많은 이윤을 내면 그게 곧 나라 경제에 기여하는 길이니까. 암, 표창을 받을 만하지."

아빠의 말에 고모부가 너털웃음을 터뜨렸습니다.

"고모부, 기업이 잘되면 왜 나라 경제에 좋은 거죠?"

교과 연계 | 6-1 사회 2. 우리나라의 경제 발전 (1) 우리나라 경제 체제의 특징
　　　　 | 6-1 사회 2. 우리나라의 경제 발전 (2) 우리나라의 경제 성장

한준이가 이해가 안 된다는 듯 고개를 갸웃거렸습니다.

"기업은 우리 생활에 필요한 상품을 생산하고 많은 사람들에게 일자리를 만들어 주거든. 또 상품을 외국에 수출해서 외화를 벌어 오기도 하고, 세금을 많이 내서 나라 살림살이에도 큰 역할을 한단다."

"기업이 이윤을 얻어야 직원들을 고용해서 월급을 줄 수 있어. 그래야 소비가 생겨나고 그럼으로써 경제가 계속해서 움직이는 거란다."

고모부의 말을 받아 아빠가 설명을 덧붙였습니다.

"아, 그래서 기업이 이윤을 많이 내려고 노력하면 할수록 나라 경제가 발전하는 힘이 되는구나."

한준이가 이제 이해가 된다는 듯 고개를 크게 끄덕였습니다.

"성공하는 기업들이 많아져야 투자가 활발하게 이루어지고 일자리가 늘어나서 우리 경제가 더욱 발전하겠지. 국민들도 기업가 정신을 존중하고 기업 활동을 북돋워 주어야 해."

"기업가 정신? 아빠, 그게 뭐예요?"

한준이가 물었습니다.

"이윤을 얻기 위해서 위험과 불확실성을 무릅쓰고 새로운 것을 추구하는 마음가짐을 가리키는 거야. 기업가 정신이 없다면 남보다 먼저 움직일 수 없어. 그렇게 되면 질이 좋으면서 값이 더 싼 상품을 만들기도 어렵고 더 많은 이윤을 내기도 어렵겠지."

"기업 운영은 손해를 보거나 사업에 실패할 위험까지 감수해야 하는 일이거든. 그래서 모험 정신이 필요한 일이란다."

고모부가 설명을 덧붙였습니다.

"모험 정신요? 애니메이션 〈원피스〉에서 루피가 하는 그런 모험이요? 와, 재미있겠다."

"한준아, 기업을 운영하면 신나고 재미있는 모험뿐 아니라 위험하고 힘든 모험도 해내야 한단다."

고모부가 기업을 경영하는 동안 겪은 여러 어려움과 그때마다 헤쳐 나온 일에 대해 이야기해 주었습니다.

"그런데 기업에 대해서 좋지 않은 생각을 하는 사람들이 많은 것 같아서 속상해요."

엄마가 안타까운 듯 미간을 찡그렸습니다.

"기업은 이윤을 얻은 만큼 정직하게 세금을 내고 소비자와 주주들에게 신뢰를 받을 수 있도록 노력을 해야 하는데, 이윤을 얻는 데만 급급하고 사회적 책임은 다하지 않는 기업들이 있어서 그렇지."

아빠가 말했습니다.

"그래서 사회적 책임을 다하는 다른 좋은 기업들까지 욕을 먹인다고요."

"저는 사회적 책임을 다하는 좋은 기업가가 될 거예요."

한준이가 어깨를 으쓱하며 말했습니다.

14

화폐의 발전 과정
조개껍질부터 지폐까지

토요일 오후, 서연이와 한준이는 부모님을 따라 고모 댁에 놀러 갔습니다.

"히야, 조개껍질이 무지 많네. 지금도 조개껍질이 돈이었다면 고모부는 굉장한 부자였겠다."

진열장에서 고모부가 수집한 형형색색의 조개껍질을 발견한 한준이가 탄성을 질렀습니다.

"뭐라고? 조개껍질이 돈이라니, 그게 무슨 말이지?"

교과 연계 | 4-2 사회 2. 필요한 것의 생산과 교환 (1) 경제 활동과 현명한 선택
| 6-1 사회 2. 우리나라의 경제 발전 (1) 우리나라 경제 체제의 특징

아빠가 시치미를 떼고 물었습니다.

"아주 옛날엔 조개껍질이 돈으로 쓰였대요."

한준이가 아주 의기양양한 얼굴로 대답했습니다.

"우리 한준이가 돈에 관심이 많구나. 하하. 하긴 돈은 우리의 생활에 아주 중요한 역할을 하니까 당연히 관심을 가져야지. 회사에서 일을 하고 월급을 받는다든지, 시장에서 물건을 사고파는 일 등 모든 일상생활이 돈이 없으면 이루어질 수가 없으니까."

아빠가 돈에 관심을 갖는 건 필요한 일이라면서 돈의 중요성에 대해 설명해 주었습니다.

"돈이 없던 옛날에는 사람들이 필요한 물건을 서로 맞바꾸어 썼단다. 어떤 사람이 옷감을 생선과 바꾸고 싶어 한다고 치자. 그런데 문제는 매번 옷감을 짊어지고 다니는 것도 번거롭고 게다가 생선을 가진 사람이 옷감이 필요하지 않다면 거래가 이루어지기가 어렵겠지? 그래서 조개껍질이나 동물의 이빨, 돌, 화살촉, 쌀이나 소금 같은 것이 사고파는 것을 이어 주는 구실을 했는데, 이것이 바로 돈의 시초란다."

"조개껍질이 아직도 돈이라면 우린 아주 부자일 거 같아요, 그렇지요? 헤헤."

한준이의 사촌형인 중학생 종혁이가 조개껍질이 돈이 아니라서 아쉽다는 듯 웃었습니다.

"조개껍질은 사람들 손을 거치는 동안에 부스러질 수도 있고, 소금은 물에 젖으면 녹아 버리겠지? 그래서 그 후에는 쇠와 구리 또는 금이나 은 같은 금속을 녹여 만든 것을 돈으로 사용했지."

"비싼 물건을 사려면 금속으로 만든 돈 수십 개, 수백 개를 가지고 다녀야 했을 텐데 무지 무거웠겠어요."

너무 무거워서 당나귀 등에 실어도 다 못 가지고 다녔을 거라며 종혁이가 고개를 절레절레 흔들었습니다.

"그렇겠지? 그래서 다음에 종이로 만든 돈이 나오게 되었단다."

"돈하고 화폐는 같은 뜻이지요? 조개껍질이나 소금 같은 건 물품 화폐, 쇠와 구리 같은 걸로 만든 건 금속 화폐, 종이로 만든 건 지폐라고 학교에서 배웠어요."

종혁이의 형 종민이도 중학생답게 의젓한 목소리로 대화에 끼었습니다.

"그래. 종민이가 잘 알고 있구나. 돈하고 화폐는 같은 뜻으로 사용된단다. 그런데 보통 화폐라고 하면 지폐나 금속 화폐(주화 또는 동전이라고도 함.) 말고도 돈과 똑같은 역할을 하는 수표나 전자 화폐, 신용 카드 등도 포함하기 때문에 돈보다는 넓은 의미를 지닌다고 할 수 있지."

그리고 아빠는 우리나라의 돈은 한국은행에서 만든다고 알려 주었습니다.

"그러면 한국은행에서 돈을 많이 만들어서 나누어 주면 우리나라 사람 모두 부자가 될 수 있잖아요."

한준이가 불쑥 나서더니 말했습니다.

"그건 그렇지 않단다. 돈이 많이 돌게 되면 물가가 올라 인플레이션이 생기기 때문이지. 음, 이건 다음에 더 길게 얘기해야 할 것 같구나. 오늘 수업은 이만 끝!"

화폐의 기능
거래를 매개하고 값어치를 표시

무르무르는 조그만 섬나라 왕국입니다. 이 나라 사람들은 물물 교환으로 필요한 물건을 얻었습니다.

왕눈이는 농부입니다. 어느 날, 왕눈이는 생선을 먹고 싶어 하는 아내를 위해 쌀 가마를 짊어지고 생선과 맞바꾸려고 길을 나섰습니다.

어부 꺼먹이는 명절을 맞아 사랑하는 동생에게 새 옷을 지어 줄 옷감이 필요했습니다. 꺼먹이도 오늘 잡은 생선을 바구니에 담아 지고는 옷감을 가진 사람을 찾아 길을 떠났습니다.

교과 연계 l 4-2 사회 2. 필요한 것의 생산과 교환 (1) 경제 활동과 현명한 선택
l 6-1 사회 2. 우리나라의 경제 발전 (1) 우리나라 경제 체제의 특징

옷감을 만드는 짤순이는 어머니에게 맛있는 쌀떡을 만들어 드리려고 했습니다. 그래서 옷감과 쌀을 맞바꿀 사람을 찾는 중이었습니다.

왕눈이가 생선을 얻으려면 어떻게 해야 할까요? 일단 옷감을 가진 짤순이를 만나서 쌀을 주고 옷감을 얻은 다음에 다시 옷감이 필요한 꺼먹이를 만나 생선과 바꾸어야 합니다.

"어휴, 복잡해라."
책을 읽던 서연이가 고개를 설레설레 흔들었습니다.

"모두 다 화폐가 없어서 생기는 일이야."

서연이가 읽던 책을 들여다보던 아빠가 미소 지었습니다.

"이 세 가지 물건만으로도 이렇게 복잡한데, 사람마다 필요한 물건이 다 다르고 물건의 종류가 워낙 많으니까 화폐가 없으면 얼마나 복잡한 과정을 거쳐야 할지 한번 상상해 보렴."

"생선을 지고 다니는 동안에 상하면 어떡해요."

서연이가 걱정스러운 듯 말했습니다.

"그런데 화폐가 있다면 이런 불편함이 없어지겠지? 화폐의 역할은 여러 가지가 있어. 우선 이처럼 물건을 사고파는 것을 편리하게 이어 주는 구실, 즉 거래의 매개 수단이 된단다."

"화폐가 있으면 쌀을 팔아서 그 돈으로 바로 생선을 사면 되니까 거래하기가 훨씬 편해지는 거군요."

서연이가 고개를 끄덕였습니다.

"그렇겠지? 두 번째는 물건의 값어치를 표시하는 잣대 역할을 한단다. '연필 한 자루에 얼마', '갈비 한 짝에 얼마' 하는 것처럼 돈은 우리에게 물건의 가치를 알 수 있게 해 주지. 조금 어려운 말로 가치 척도 기능이라고 해."

"아빠, 오늘 저녁 우리 갈비 먹으러 가요."

한준이가 불쑥 말했습니다.

"가치 척도 기능이란 말이 좀 어렵지? 보통 2천 원이면 '연필을 두

자루 살 수 있다.' 또는 '아이스크림을 한 개 살 수 있다.'라고 우리 머릿속에 그려지잖아. 이처럼 그 금액의 가치를 잴 수 있게 해 주는 걸 말하지."

아빠는 한준이가 하는 말을 못 들은 척하고 얘기를 계속했습니다.

"화폐의 세 번째 구실은 가치를 저장하는 수단이 된다는 거지. 화폐가 있으면 언제라도 필요한 물건을 살 수 있으니까 나중에 필요한 물건을 살 수 있는 능력을 저장해 두는 것이란다. 오늘 만 원을 가지고 있으면 내일이나 또는 한참 후에도 그만한 가격의 물건을 살 수 있다는 얘기지."

"아빠, 오늘 갈비 먹는 거 참을게요. 돈을 잘 저장해 두었다가 주말에 할머니 모시고 함께 가요."

한준이가 생글 웃더니 어른스레 말했습니다.

통화량
시장에 돌아다니는 돈의 양

"여봐라, 돈을 많이 많이 만들어서 가난한 백성들에게 듬뿍듬뿍 나누어 주도록 하여라. 그래서 온 백성이 다 부자가 되도록 하라. 그 돈으로 문화 상품권도 듬뿍 사서 어린이들에게 나누어 주어라."

"전하, 그래서는 절대 아니 되옵니다. 통촉하여 주시옵소서."

대궐의 옥좌에 앉아 곤룡포를 입고 명령하는 임금님은 바로 한준이었습니다.

일요일 아침, 한준이가 창밖이 훤해지도록 늦잠을 자고 있었습니다. 그때 엄마가 들어오더니 어서 일어나라면서 이불을 훌훌 걷어 냈

 교과 연계 | 6-1 사회 2. 우리나라의 경제 발전 (1) 우리나라 경제 체제의 특징

습니다. 한준이가 잠에서 덜 깬 눈으로 주위를 두리번거렸습니다.

"어? 대궐이 어디 갔지? 엄마, 제가 임금님이 된 꿈을 꾸었어요. 백성들에게 돈도 막 나누어 주려던 참이었는데……."

한준이가 잔뜩 아쉬운 표정을 지었습니다.

"그런데 아빠, 돈은 한국은행에서 만든다고 하셨죠? 지금보다 열 배쯤 더 많은 돈을 만들어서 사람들에게 나눠 주면 좋겠어요. 그러면 모두 열 배로 부자가 되잖아요."

아침을 먹는 자리에서 다시 현실로 돌아온 한준이가 말했습니다.

"하하. 돈을 열 배 더 만들어서 집집마다 나눠 주면 가정의 소득이 열 배로 늘어나긴 하겠지. 그러나 열 배로 부자가 되는 건 아니야. 왜냐하면 돈도 다른 물건과 마찬가지로 흔해지면 가치가 떨어지기 때문이야."

한준이가 아무래도 이해가 안 되는지 고개를 갸웃거렸습니다.

"시중에 돌아다니는 돈의 양을 통화량이라고 하는데, 통화량이 늘어나면 그만큼 돈의 가치가 떨어져서 물건값도 같이 올라가게 된단다. 돈의 양이 열 배 늘어나면 물건값도 그만큼 오르게 되는 거지."

한준이가 이제 조금 이해가 되는 듯 고개를 끄덕였습니다.

"한준이의 용돈이 3만 원에서 30만 원으로 열 배 올랐다고 생각해 보자."

아빠가 서연이와 한준이가 알아듣기 쉽게 예를 들어 설명했습니다.

"아빠, 열 배까지는 말고요, 그냥 두 배만 올려 주셔도 되는데."

한준이가 얼른 말하고 샐샐 웃었습니다.

"한준이는 용돈의 10분의 1 금액인 3천 원으로 학용품을 사기로 했는데, 용돈이 열 배가 되었으니 3만 원을 쓸 수 있었지. 그런데 물가가 열 배 올라서 한 권에 3천 원 하던 공책이 3만 원이 되었다고 하자. 그러면 용돈이 올랐어도 결국 실제로 살 수 있는 공책은 한 권뿐이니까 전과 마찬가지가 되는 셈이잖아. 그렇지? 이제 돈이 열 배로 많아진다고 해서 열 배로 부자가 되는 게 아니라는 걸 알겠니?"

"아, 실망이다. 나중에 한국은행 총재가 되면 돈을 많이 만들어서 가난한 사람들한테 나눠 주려고 했는데……."

아빠의 말에 한준이는 못내 안타까운 표정으로 말했습니다.

직업
적성과 능력에 맞는 일

"와, 멋지다! 나는 정의를 지키는 경찰관이 될 거야."

TV 영화가 끝나자 한준이가 갑자기 벌떡 일어나서 허리춤에서 권총을 꺼내 쏘는 흉내를 냈습니다.

"이번엔 또 경찰관이니? 한준이는 이랬다 저랬다 한대요."

서연이가 한준이를 놀렸습니다.

"모두 다 하면 되잖아!"

한준이가 퉁명스레 말했습니다.

"어릴 적에 꿈을 많이 갖는 건 좋은 일이야. 그런데 하고 싶은 게 많

 교과 연계 | 6-1 사회 2. 우리나라의 경제 발전 (1) 우리나라 경제 체제의 특징

더라도 결국은 자신의 적성과 능력에 가장 잘 맞는 직업을 찾아야 하는 거란다."

엄마가 한준이의 어깨를 토닥이며 말했습니다.

"그런데 경민이네 삼촌은 직업이 없어서 매일 집에서 컴퓨터 게임만 한대요. 참 좋겠다."

"좋긴 뭐가 좋아. 어른이 되면 직업을 갖고 일을 해야 되는 거야. 일을 해야 돈을 벌 수 있고, 돈이 있어야 생활하는 데 필요한 걸 살 수 있잖아. 그렇지요, 아빠?"

서연이가 아빠를 쳐다보며 물었습니다.

"서연이 말이 맞아. 하지만 단순히 먹고살기 위해서 일을 하는 건 아니란다. 직업을 갖는다는 건 자신이 목표한 바를 이루는 길이기도 하지. 그리고 사람들은 자신의 직업을 통해서 삶의 보람을 찾는단다."

"아빠도요?"

"물론이지. 아빠 회사에서 건설한 고속도로 위를 달릴 때 얼마나 기분이 좋은데. 월드컵 경기장도 아빠 회사에서 만든 거 알지? 거기서 우리 선수들이 신나게 뛰는 모습을 볼 때도 큰 보람을 느낀단다."

아빠가 무척 자랑스럽다는 표정으로 가족들을 바라보았습니다.

"이처럼 직업은 그 직업을 가진 사람에게뿐 아니라 사회 발전에도 도움을 준단다. 사람들이 모두 자신의 직업에 최선을 다하면 그 노력과 결과가 모여서 세상을 편하고 살기 좋은 곳으로 만들게 되는 거

지."

"아, 의사가 병든 사람을 낫게 해 주고, 농부들이 우리가 먹는 쌀을 생산하고, 선생님이 공부를 가르쳐 주는 것처럼요?"

"그렇지. 참, 서연이는 그래픽 디자이너가 되고 싶다고 했지?"

"네! 세상을 예쁘게 꾸미고 싶어요."

"자신의 꿈도 이루면서 세상에 도움이 되는 직업을 갖는다는 건 참 행복한 일이지."

"아빠, 돈도 엄청 많이 벌고 보람도 있는 직업은 뭐가 있을까요?"

한준이가 무언가를 깊이 생각하는 듯하더니 말했습니다.

"아니, 그새 또 꿈을 바꾸려고?"

서연이가 핀잔을 줬습니다.

"아니, 그게 아니라 그냥 한번 생각해 본 건데 아프리카에는 병원 치료를 못 받는 아이들이 많대. 돈을 많이 벌어서 그 애들한테 보내 주려고."

아빠는 한준이가 기특하다는 듯 빙그레 미소를 지었습니다.

인플레이션
물가는 오르고 돈 가치는 떨어지고

금발 머리 소녀가 엄마가 끄는 수레를 뒤에서 밀며 치마를 사러 옷 가게로 가고 있다. 수레에는 한가득 지폐가 실려 있다. 물가가 엄청나게 올라서 돈 가치가 떨어졌기 때문이다.

식당에서 사람들이 "빨리빨리."라고 하면서 음식을 급하게 먹고 있다. 잠깐 사이에도 음식값이 오를 수 있으니 서둘러 먹어야 했기 때문이다.

"아빠, 이게 무슨 얘기에요?"

 교과 연계 | 6-1 사회 2. 우리나라의 경제 발전 (1) 우리나라 경제 체제의 특징

서연이가 읽던 책을 들고 거실로 나왔습니다.

"아, 옛날 독일의 인플레이션 이야기로구나. 제1차 세계 대전에서 진 독일이 전쟁에서 이긴 나라들에 줄 전쟁 배상금을 마련하려고 돈을 마구 찍어 내면서 물가가 엄청나게 올라갔지."

"아하, 돈이 흔해지면 물가가 오른다고 하셨죠? 그러면 인플레이션은 뭐예요?"

"물가가 계속해서 오르는 현상을 말한단다. 상품의 양보다 통화량이 너무 많을 때 이런 현상이 생기지. 우리가 가진 돈으로 살 수 있는 물건의 양이 줄어드니까 돈의 가치가 떨어지는 거야."

"인플레이션이 일어나면 어떤 일들이 생기나요?"

"물가가 계속해서 오르면 사람들은 앞으로 물가가 더 오를 거라 생각하고 돈 가치가 더 떨어지기 전에 미리 물건을 사 두려고 하거든. 이 때문에 물가는 더 오르게 되고 돈 가치는 더욱 떨어지는 상황이 되풀이된단다."

"인플레이션이 나타나면 우리 같은 월급쟁이들이 더 큰 피해를 보게 되는 거잖아요."

엄마가 속상하다는 듯 말했습니다.

"매달 똑같은 금액을 받는 사람들은 같은 돈으로 살 수 있는 물건의 양이 적어지니까 월급이 줄어드는 것과 같은 결과가 되는 거지. 반면에 땅이나 건물 같은 부동산을 많이 가진 사람은 값이 자꾸 오르니까 앉아서 이익을 보게 되고. 그래서 사람들은 저축을 하기보다는 부동산을 사 두려고 하게 되는데, 그러면 생산적인 투자가 줄어들어 나라 경제 발전에도 나쁜 영향을 미치게 된단다."

아빠가 엄마의 말씀을 받아 자세히 설명했습니다.

"인플레이션이 일어나지 않게 하려면 어떻게 해야 되죠?"

"통화량을 알맞은 수준으로 유지하는 것이 중요하지. 그래서 정부에서는 경제가 성장하는 정도와 물가가 오르는 것을 감안해서 통화량을 얼마만큼 늘릴 것인지 목표를 미리 정해 놓고 이를 지키려고 노력하고 있단다."

"그래도 인플레이션이 생기면요?"

"보통 중앙은행인 한국은행이 시중에 풀린 돈을 거둬들이거나 이자율을 높여서 물가가 오르는 걸 막는단다. 시중에 돈이 줄어들고 이자율이 오르면 기업들은 투자를 줄이고 사람들도 소비보다는 저축을 늘리기 때문이지."

"아빠, 지난번에 제가 한국은행에서 돈을 많이 찍어 내서 나눠 주면 좋겠다고 생각했잖아요. 그런데 이제 왜 안 되는지 확실히 알겠어요."

그때까지 조용히 듣고만 있던 한준이가 배시시 웃었습니다.

금융
경제의 동맥

아빠가 아빠 친구와 거실에서 차를 마시는 중이었습니다.

"안녕하세요. 저는 한준이에요."

학원에서 돌아온 한준이가 꾸벅 인사를 했습니다.

"오, 장래의 한국은행 총재가 오셨군. 우리나라의 금융 발전을 잘 부탁합니다."

아빠 친구가 활짝 웃으며 장난스레 한준이에게 악수를 청했습니다.

"금융이 뭐예요? 한국은행 총재는 그걸 알아야 하잖아요."

아빠 친구가 떠나자마자 한준이가 아빠에게 물었습니다.

"물론이지. 그러면 시작해 볼까? 모든 경제 활동에는 돈이 필요하잖아? 그러니까 경제는 곧 돈의 흐름이라고 할 수 있어. 그런데 여러 가지 돈의 흐름 중에서도 이자를 대가로 돈을 빌려주고 빌리는 것을 금융이라고 한단다."

"금융을 경제의 동맥이라고 하잖아요. 정말 그런 것 같아요."

옆에서 엄마가 거들었습니다.

"동맥요? 동맥은 우리 몸 구석구석에 피를 공급해서 우리가 건강하게 살 수 있게 하는 굉장히 중요한 일을 한다고 과학 시간에 배웠어요. 그런데 금융과 동맥이 무슨 상관이 있어요?"

"금융은 돈을 필요로 하는 사람이나 기업에게 돈을 공급해서 경제가 잘 움직이게 하니까, 경제의 동맥과 같은 역할을 한다는 뜻이야. 돈이 잘 흐르지 않으면 생산과 소비가 활발하게 이루어지지 못하고 결국 경제 발전이 늦춰진단다."

"아빠, 그러면 금융이 은행하고 뭐가 달라요?"

"돈을 빌려주려는 사람과 돈을 빌리려는 사람을 연결해 주는 곳을 금융 기관 또는 금융 회사라고 하는데, 가장 대표적인 금융 회사가 바로 은행이란다."

"저도 은행 알아요. 지난번에 엄마 따라 은행에 가 봤거든요."

한준이가 자랑스럽게 말했습니다.

"은행이 하는 가장 중요한 일은 예금 등으로 모인 자금을 기업이나 개인에게 빌려주는 일(대출)이지. 자, 그리고 또 은행은 무슨 일을 하는지 알아볼까?"

"전에 아빠가 해외 출장 가실 때 은행에서 우리 돈을 달러로 바꾸었다고 하셨죠? 그리고 세금이나 전기·수도 요금 같은 걸 대신 받기도 하고요."

서연이가 눈을 반짝이며 대답했습니다.

"맞아. 그리고 멀리 떨어진 사람에게 돈을 보내는 일(송금)도 하지. 수출이나 수입과 같이 다른 나라와 무역 거래를 할 때 은행이 중간에서 보증서를 발급하는 일도 한단다. 우리나라의 금융 기관은 크게 은행, 비은행 예금 취급 기관(상호 저축 은행·신용 협동 기구·우체국 예금·종합 금융 회사 등), 보험 회사, 금융 투자 회사, 기타 금융 기관, 금융 보조 기관 등으로 나누어져 있어."

"아빠, 한국은행은요?"

장래 한국은행 총재가 되겠다는 한준이가 물었습니다.

"한국은행은 은행으로 불리지만 화폐를 발행하고 통화량을 조절하여 물가를 안정시키는 역할을 하는 중앙은행이기 때문에 예금과 대출 업무를 하지 않아. 그래서 금융 기관이라고 하지 않는단다."

"제가 예금한 돈은 게임 회사에 빌려주면 좋겠어요. 재미있고 신나는 게임을 많이 많이 만들 수 있게요."

잠깐 생각에 잠겨 있던 한준이가 생글생글 웃었습니다.

경기
좋았다 나빴다 계속 변한다

　서연이와 한준이는 엄마와 서점에서 나와 택시를 탔습니다. 택시 정류소에는 손님을 기다리는 택시가 줄을 서 있었습니다.

　"빈 택시가 많네요."

　엄마가 택시에 오르면서 기사 아저씨에게 말을 걸었습니다.

　"경기가 나쁘니까 손님들이 택시를 타지 않네요. 요즘 하루의 절반은 빈 택시로 다녀요."

　기사 아저씨가 한숨을 쉬며 대답했습니다.

　그날 저녁, 외삼촌이 왔습니다.

 교과 연계 | 6-1 사회 2. 우리나라의 경제 발전 (1) 우리나라 경제 체제의 특징

"요즘 사업하기 어렵지?"

엄마가 걱정스러운 얼굴로 외삼촌을 바라보며 물었습니다.

"경기가 아주 안 좋아. 요즘 매출이 뚝 떨어졌어."

"가만, 아까 택시 기사 아저씨도 경기가 나쁘다고 하셨는데 무슨 경기를 말하는 거지? 축구 경기? 야구 경기? 아냐, '축구 경기가 나쁘다.' 이렇게 말하는 건 좀 이상하잖아."

한준이가 혼잣말을 하며 고개를 좌우로 저었습니다.

"물론 운동 경기하고는 다른 말이지. 경기(景氣)는 한 나라의 경제 활동 수준을 가리키는 말인데, 보통 '경기가 좋다.', '경기가 나쁘다.'라고 얘기하지."

한준이의 중얼거림을 들은 아빠가 빙그레 웃더니 말했습니다.

"경기가 좋은 건 뭐고 나쁜 건 뭐예요?"

"경기가 좋다는 건 소비와 투자·생산 등 경제 활동이 활발한 것을 말해. 반면에 경기가 나쁘다는 건 소비가 줄어들고 투자가 활발하지 못한 가운데 생산 활동이 둔해지는 등 경제 활동이 움츠러든 상태를 말하는 거야."

"그래서 경기가 좋으면 일사리가 많아지고 국민의 소득 수준도 나아져서 국민들의 생활이 더 윤택해진단다."

외삼촌이 한준이가 경제에 관심을 갖는 게 기특하다면서 설명을 보탰습니다.

"경기가 엄청나게 좋아지면 무지 좋은 거네요. 그렇죠?"

"꼭 그렇지는 않아. 경제 활동이 지나치게 활발해지면 문제가 생기기도 한단다. 물가가 오르고 인플레이션이 올 수도 있거든."

아빠가 고개를 저으며 설명했습니다.

"경기가 계속 나쁘면 어쩌죠?"

"한준이가 경제를 다 걱정하다니 웬일이니?"

"그게 아니라 아빠 회사의 올해 실적이 좋아서 보너스를 많이 받으면, 내년 여름 방학 때 싱가포르 큰아빠 댁에 데려가 준다고 약속하셨잖아요."

엄마의 물음에 한준이가 걱정스러운 표정으로 말했습니다.

"우리의 몸도 좋을 때도 있고 찌뿌둥할 때도 있는 것처럼 경기도 계속 변화를 겪는단다. 경기는 좋았다가 나빠지고 나빴다가 좋아지는 상황을 계속 되풀이하지."

아빠의 설명에 한준이의 얼굴이 순간 환해졌습니다.

"좀 더 자세히 말하면, 경기가 좋다가(호황기) → 서서히 움츠러들어서(후퇴기) → 나빠졌다가(불황기) → 다시 서서히 활기를 되찾아서(회복기) → 좋아지는(호황기) 상태를 되풀이한다는 거지. 경기가 이렇게 일정하게 움직이는 걸 경기 순환이라고 한단다."

"아빠, 그러면 지금은 불황기인가요?"

"그런 셈이지."

"그러면 다음 차례는 회복기잖아. 한준아, 걱정 안 해도 되겠다."

서연이가 한준이를 위로해 주었습니다.

물가
여러 상품의 종합적·평균적 가치

　서연이는 같은 반 친구인 하나, 유진이와 함께 미술 숙제를 하기로 하고 문구점에서 꿈나라표 그림물감을 샀습니다. 그런데 가격이 지난번보다 2천 원이나 올라서 남은 돈을 저축하려던 계획이 어긋났습니다.

　서연이는 친구들과 함께 집으로 와서 미술 숙제를 하기 시작했습니다. 그때 시장에 갔던 엄마가 돌아왔습니다.

　"유진이랑 하나가 왔구나. 아줌마가 맛있는 사과파이 만들어 줄게."

　엄마가 주방으로 가 채소와 과일을 냉장고에 넣었습니다.

 교과 연계 | 6-1 사회 2. 우리나라의 경제 발전 (1) 우리나라 경제 체제의 특징

"만 원으로는 뭐 살 게 없네. 요즘 물가가 많이 올랐어."

"물가는 물건 가격하고 뭐가 다르죠?"

엄마의 혼잣말을 들은 서연이가 고개를 갸웃거리며 물었습니다.

"물건 한 개의 값을 말할 때는 가격이라고 하고, 많은 물건들의 가격을 통틀어서 부를 때는 물가라고 한단다. 다시 말해서 물가는 여러 상품의 종합적이고 평균적인 가치를 가리키는 말이야. 서비스의 값을 말할 때는 보통 요금이라고 하지. 버스 요금, 진찰 요금, 전화 요금, 우편 요금 하는 것처럼."

"그럼 물가가 오른다는 것은 무슨 뜻이에요?"

"물건 하나하나의 가격이 아니라 모든 상품의 전반적인 가격 수준이 높아졌다는 뜻이란다."

"물가가 안 오르면 좋을 텐데 왜 오르는 건지 모르겠어요."

"물가는 여러 가지 원인 때문에 오르는 거란다. 우선, 물건을 만드는 데 드는 비용(생산 원가)이 늘면 물건값이 오르게 되겠지? 너희들이 좋아하는 사과파이의 주원료가 뭔지 아니?"

"밀가루, 설탕 그리고 사과일 것 같아요."

"맞아. 그런데 외국에서 사 오는 밀가루나 설탕의 수입 가격이 오른다면 빵집에서 사과파이를 만드는 데 드는 비용이 늘어나겠지? 그러면 사과파이 가격이 오르게 된단다. 물가를 올리는 원인에는 또 뭐가 있을까?"

"물건을 사려는 사람은 많은데 팔 물건이 적으면 값이 오른다고 아빠가 가르쳐 주셨어요."

"그래. 서연이 말처럼 수요에 비해 공급이 부족할 때도 물가가 오른단다. 사람들이 소득이 늘면 씀씀이도 늘어나기 마련인데, 그럴 때 살 사람에 비해서 물건이 부족하다면 가격이 오르는 거지. 하나에 천 원이던 사과가 2천 원으로 올랐다면, 전에는 2천 원에 두 개를 살 수 있었지만 이젠 한 개밖에 못 사겠지. 그러면 소득이 실제로 줄어드는 것과 같은 결과가 되고, 소득이 일정한 월급 생활자들은 생활하기가 더 힘들어진단다."

엄마가 아이들에게 주스를 주면서 말했습니다.

"엄마, 물가가 계속해서 오르는 걸 인플레이션이라고 하죠?"

서연이가 친구들 앞에서 자랑하고 싶은 듯 으쓱한 말투와 표정으로 말했습니다.

"우리 서연이가 인플레이션을 다 알고. 아주 똑똑해졌네."

엄마가 대견한 듯 웃었습니다.

"엄마, 그러니까 상으로 사과파이 많이 만들어 주세요."

"어머나, 내 정신 좀 봐. 깜빡하고 있었네. 그래, 오늘 엄마가 요리 솜씨 좀 발휘해 볼까?"

세금
나라 살림을 꾸리는 데 쓰이는 돈

"재산세 고지서가 나왔네. 어머, 세금이 지난번보다 많이 올랐어요."

엄마가 우편물을 정리하다가 아빠를 보며 걱정스레 말했습니다.

"나라 살림살이에도 돈 들어갈 곳이 워낙 많으니까 그렇지. 서연이 한준이 너희들, 세금이 뭔지 아니?"

아빠의 질문에 서연이가 얼른 손을 번쩍 들었습니다.

"나라 살림을 하는 데 필요한 돈을 국민들이 내는 거요."

 교과 연계 | 6-1 사회 1. 우리나라의 정치 발전 (3) 민주 정치의 원리와 국가 기관의 역할
| 6-1 사회 2. 우리나라의 경제 발전 (1) 우리나라 경제 체제의 특징

"그렇단다. 정부는 나라 살림살이를 맡아서 모든 국민의 생명과 재산을 보호하는 일을 하지. 여기에 필요한 돈을 국민들로부터 거두는데, 이것이 바로 세금이란다."

아빠가 차를 한 모금 마시고 말을 이었습니다.

"나라를 지키는 일(국방)에서부터, 국민을 범죄로부터 보호하는 일(치안), 도로와 철도 그리고 항만과 댐을 건설하는 일, 국민의 건강을 돌보는 일, 일할 수 없는 장애인이나 가난한 사람을 도와주는 일, 우리 동네에 보도블록을 까는 일까지. 이 모든 일을 하려면 많은 돈이 필요하겠지?"

"아, 네. 그런데 아까 엄마가 재산세라고 하셨는데, 세금에도 종류가 있나요?"

서연이가 아빠를 바라보며 물었습니다.

"세금의 종류는 많지만 우선 이것만 알아 두면 될 것 같구나. 집이나 땅 같은 재산을 가지고 있는 사람이 내는 재산세, 국민이 버는 돈에 따라서 내는 소득세, 주식회사 등 법인이 벌어들인 이윤에 대해서 내는 법인세, 물건을 사고팔 때 붙는 부가 가치세 등이 있단다."

"그런데 세금은 누구나 똑같이 내는 건가요?"

이번엔 한준이가 서연이에게 질세라 물었습니다.

"돈을 많이 벌거나 재산이 많은 사람은 세금을 많이 내고 돈이 없는 사람은 적게 내지. 어떤 종류의 세금을 누가 얼마나 낼 것인가 하는 기준은 국회에서 정하는 거야."

"아빠, 돈을 많이 벌고도 세금을 조금만 내려고 감추는 나쁜 사람도 있는 것 같아요."

서연이가 얼마 전 TV 뉴스에서 본 탈세에 대한 보도를 떠올리며 말했습니다.

"납세, 즉 세금을 내는 건 국민의 기본적인 의무란다. 소득이 있는 만큼 세금을 내는 건 너무나 당연한 일인데도 세금을 안 내는 사람들이 있어. 그런 걸 탈세라고 하는데, 탈세는 범죄 행위란다."

"잠깐! 서연이와 한준이, 너희들도 자주 세금을 낸다는 거 아니?"

엄마가 콜라를 마시는 서연이와 한준이를 향해 말했습니다.

"네에? 저희가 세금을 낸다고요? 저희는 돈을 벌지 않는데도요?"

서연이와 한준이는 깜짝 놀라며 합창하듯 말했습니다.

"음, 너희들이 마시고 있는 그 콜라 가격에도 세금이 포함되어 있단다."

"세금에는 직접 내는 세금과 간접적으로 내는 세금이 있어요. 아빠는 월급을 받을 때 세금을 직접 내는데 그런 걸 직접세라고 하고, 물건에 이미 세금이 포함되어 있어서 물건을 산 사람이 세금까지 함께 내는 걸 간접세라고 한단다. 콜라 가격에는 대표적인 간접세인 부가가치세가 포함되어 있거든."

미소를 띠고 엄마와 서연이, 한준이의 대화에 귀를 기울이던 아빠가 덧붙였습니다.

"엄마, 우리가 콜라를 많이 사 먹으면 나라 살림살이를 돕는 거네요, 그렇죠?"

한준이가 말해 놓고 나서 자기도 우스운지 헤헤 웃었습니다.

무역
나라와 나라 사이 물건을 사고팔다

"누나, 국산품을 애용해야지. 외국 물건을 쓰면 안 돼."

한준이가 독일제 볼펜을 쓰는 서연이에게 말했습니다.

"아니야. 아빠가 외국에서 수입한 물건이라고 해서 무조건 안 쓰는 건 바람직하지 않다고 하셨어. 어느 나라 제품이든 가격에 비해 품질이 더 나은 걸 골라서 사라고 하셨어."

서연이가 자신 있게 말했습니다.

한참 후, 저녁을 먹고 서연이네 가족이 과일을 먹을 때였습니다.

 교과 연계 | 4-2 사회 2. 필요한 것의 생산과 교환 (2) 교류하며 발전하는 우리 지역
| 6-1 사회 2. 우리나라의 경제 발전 (3) 세계 속의 우리나라 경제

"아빠, 수출은 다른 나라에 물건을 파는 거고, 수입은 다른 나라에서 물건을 사 오는 거죠?"

"서연이가 아주 잘 알고 있구나. 나라끼리 그렇게 물건을 사고파는 걸 무역 또는 국제 교역이라고 한단다."

"선생님이 우리나라는 천연자원이 부족하기 때문에 외국에서 원료를 수입해서 물건을 만들어 수출한다고 말씀하셨어요."

"사람마다 가지고 있는 것도 다르고 재능도 다르잖아. 그래서 그걸 바탕으로 자신에게 필요한 것을 구하잖아. 마찬가지로 나라와 나라 사이에도 갖고 있는 자원이 다르고 기후나 환경도 다르기 때문에 서로가 필요한 것을 거래하는 것이란다."

"우리나라가 가장 많이 수출하는 건 뭐예요?"

"반도체 등 전자 기기, 플라스틱, 자동차, 선박, 유기 화학품 등이 가장 많이 수출되는 품목이야. 대신에 우리나라가 가장 많이 수입하는 건 석유란다."

"아빠, 이 바나나도 수입한 거죠? 우리나라에서도 바나나를 키우면 될 텐데 왜 수입하는 거예요?"

바나나를 먹던 한준이가 물었습니다.

"우리나라도 비교적 날씨가 따뜻한 아랫지방을 중심으로 바나나를 키우긴 해. 그렇지만 온실에서만 키워야 해서 비용이 많이 드니 수입 바나나에 비해 비쌀 수밖에 없지."

"우리는 우리나라 날씨에서 잘 자라는 사과나 배를 수출하면 되겠네요."

"서연이 말이 맞아. 우리에게 필요한 걸 모두 다 직접 생산하는 것보다 다른 나라와 비교해서 우리가 상대적으로 더 싸게 생산하는 물건은 수출하고, 우리가 생산하는 데 비용이 더 드는 물건은 수입하는 게 훨씬 경제적이란다."

"그러면 우리 물건은 많이 수출하고 외국 물건은 조금만 수입하면 되겠네요."

한준이가 너무나 당연하다는 듯 말했습니다.

"그 나라 물건은 조금만 사거나 안 사면서 우리나라 물건은 많이 팔려고 한다면 어떤 나라가 좋아하겠니. 그 나라도 우리 물건을 수입하지 않으려고 하겠지. 그렇게 되면 두 나라가 다 피해를 입게 돼."

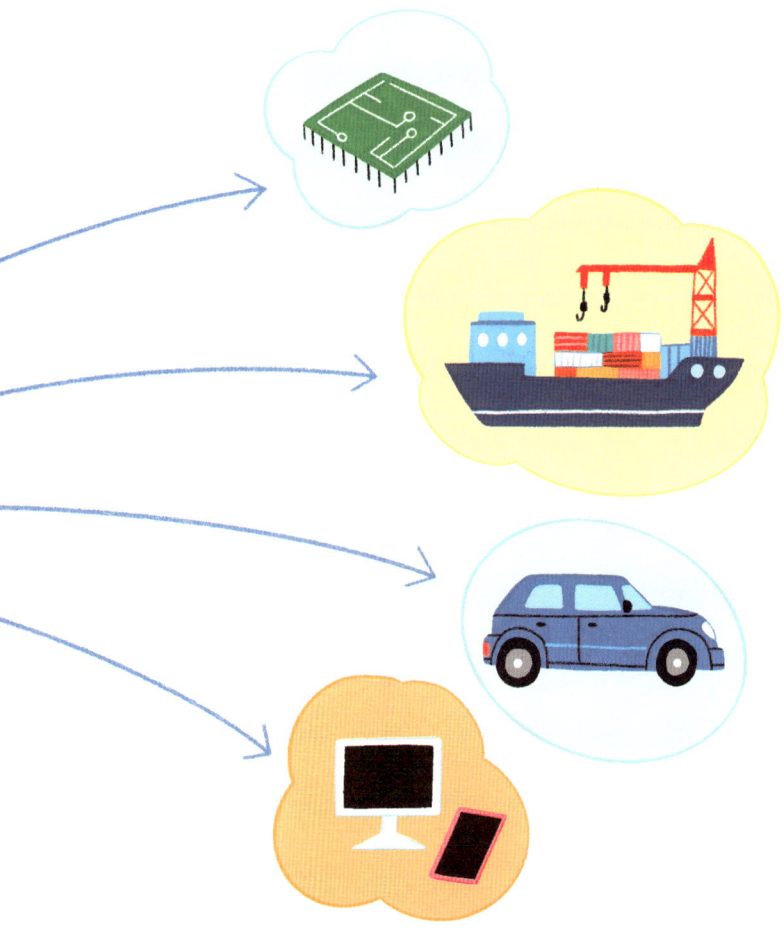

"우리나라가 짧은 기간에 이만큼 발전할 수 있었던 것도 다 무역 덕분이라고 해야겠지요?"

엄마가 말했습니다.

"맞아요. 1964년에 처음으로 수출 1억 달러를 달성했을 때는 온 나라가 잔치 분위기였어. 그러다 2011년 12월 5일에는 드디어 연간 무역 규모 1조 달러를 달성했지. 무역 1조 달러 돌파는 미국·독일·중국·일본·프랑스·영국·네덜란드·이탈리아에 이어 세계 아홉 번째라는군. 그래서 우리나라는 세계 9대 무역국이 되었고, 또 2022년에는 8위로 오르기도 했단다. 대단하지?"

아빠가 마치 자신이 직접 이룬 일인 것처럼 신이 나서 말했습니다.

1인당 국민 소득
한 나라 국민의 소득 수준

저녁 뉴스 시간, TV 화면에는 민주화를 원하는 미얀마 국민들이 시위하는 모습이 방영되고 있었습니다.

"서연 아빠, 미얀마가 지금은 최빈국에 속하지만 50~60년대에만 해도 우리나라보다 잘살았다면서요?"

"그러게 말이에요. 지금은 1인당 국민 소득이 천 달러가 좀 넘는 수준이라고 하던데. 그나저나 얼마 전 한국은행 발표를 보니 우리나라가 1인당 국민 소득 3만 6천 달러를 넘어섰다고 하더군."

교과 연계 | 6-1 사회 2. 우리나라의 경제 발전 (2) 우리나라의 경제 성장
| 6-1 사회 2. 우리나라의 경제 발전 (3) 세계 속의 우리나라 경제

아빠가 엄마의 말에 고개를 끄덕이며 말했습니다.

"아빠, 국민 소득이 뭔데요?"

서연이가 눈을 동그랗게 뜨고 물었습니다.

"한 나라의 국민 전체가 한 해 동안 벌어들인 소득을 국민 소득(GNI, Gross National Income) 또는 국민 총소득이라고 하는데, 그 나라의 경제 규모와 국민의 생활 수준을 종합적으로 나타내 준단다."

그때 아빠에게 전화가 왔습니다. 그 틈을 타 한준이가 살금살금 뒷걸음질을 했습니다.

"어허! 김한준, 다 듣고 가야지. 좀 더 자세히 얘기하면, 1년 동안 한 나라의 국민이 국내뿐 아니라 해외에서 새로이 생산한 상품과 서비스를 모두 돈으로 계산해서 합한 것을 말하지."

통화를 끝낸 아빠가 설명을 계속했습니다.

"우리나라 사람이 외국 팀에서 선수로 뛰고 받는 돈도 국민 소득에 들어가는 건가요?"

축구 선수들에게 관심이 많은 한준이가 물었습니다.

"물론이지. 어느 나라에서 벌었건 우리나라 국민이 벌어들인 돈은 다 국민 소득에 포함돼."

"국민 소득이 높으면 그 나라 국민들도 잘사는 건가요?"

"정확하게 말하면, 국민 소득이 높다는 건 그 나라의 경제 규모가 크다는 뜻이고, 1인당 국민 소득이 높다는 건 국민들이 잘산다는 뜻이야. 그래서 국민들의 생활 수준을 알려면 1인당 국민 소득을 비교해 보면 된단다."

"1인당 국민 소득요?"

"1인당 국민 소득은 전체 국민 소득을 그 나라의 인구수로 나눈 거야. 인구가 5천만 명이 조금 넘는 우리나라와 14억 명인 중국을 비교해 볼 수 있겠구나. 국민 소득으로 보면 중국이 우리보다 훨씬 높지만, 1인당 국민 소득은 우리가 훨씬 앞선단다. 그러니까 나라 전체의 경제 규모는 중국이 훨씬 크지만 국민들의 살림살이는 우리가 더 낫다는 얘기지."

그때 한준이가 살그머니 일어났습니다. 아까 하다 만 스마트폰 게임을 마저 하기 위해서였습니다.

"한준아, 숙제부터 끝내고 놀아야지?"

한준이의 속셈을 눈치 챈 엄마가 일부러 엄하게 말했습니다.

"아빠 말씀 듣는 것도 공부잖아요."

한준이가 볼멘소리를 하더니 곧 씨익 웃었습니다.

주식
한 기업의 주인이 여러 명

오늘 서연이와 한준이는 오전 수업만 있는 날이어서 일찍 집에 왔습니다.

"엄마, 뭘 그렇게 열심히 보세요?"

스마트폰을 유심히 들여다보는 엄마를 보고 한준이가 물었습니다.

"주식 상황판을 보는 중이야. 여기 위를 향한 빨간색 화살표와 숫자는 주식 가격이 올랐다는 표시야."

"그런데 엄마, 주식이란 말은 자주 들었지만 정확한 뜻은 잘 모르겠어요."

 교과 연계 | 6-1 사회 2. 우리나라의 경제 발전 (1) 우리나라 경제 체제의 특징

　서연이가 엄마를 바라보며 궁금한 듯 말했습니다.

　"회사를 운영하려면 돈(자본금)이 필요하겠지? 어떤 회사에서 1억 원이 필요하다고 하자. 이 돈을 마련하는 방법에는 어떤 게 있을까?"

　"은행에서 돈을 빌려 쓰면 돼요."

　서연이가 얼른 대답했습니다.

　"맞아. 그 밖에도 여러 사람으로부터 돈을 모으는 방법이 있단다. 그러니까 천 명이 10만 원씩 투자하도록 해서 1억 원을 만들 수도 있지. 이때 회사가 그 사람들이 투자한 만큼 회사의 소유권을 갖고 있다는 증거로 발행하는 것이 주식이란다."

"그러면 천 명 모두가 그 회사의 주인이 되는 건가요?"

한준이가 고개를 갸웃거리며 물었습니다.

"갖고 있는 주식의 비율만큼 그 회사의 소유권을 가진 셈이 되는 거란다. 주식을 갖고 있는 사람을 주주라고 하고, 주주들이 공동으로 주인이 되는 거야. 그렇게 주식을 발행해서 모은 돈으로 운영하는 회사를 주식회사라고 해."

"그러면 주주들은 그 회사에서 월급을 받는 건가요?"

"그 회사 직원이 아니니까 월급을 받는 건 아니고 회사가 운영을 잘해서 이익을 남겼다면 주주들에게 이익의 일부를 나눠 주게 되는데, 이것을 배당금이라고 한단다."

"그럼 증권 회사는 무슨 일을 하나요?"

"주식은 자유롭게 사고팔 수가 있는데 그런 곳을 주식 시장이라고 하지. 증권 회사에서는 주식을 사고파는 거래가 이루어지는 거란다. 증권 회사는 기업이 주식을 발행해서 자금을 마련하는 걸 도와주고, 개인 투자자들이 주식을 사거나 팔기를 원할 경우 이를 대신 해 준단다."

이야기를 마친 엄마와 서연이, 한준이는 퇴근한 아빠를 만나러 회사 근처 음식점으로 갔습니다.

"주식에 대해서 많이 배웠니? 아빠가 주식 투자를 했는데, 오늘 배당금을 받았거든. 오늘 기념으로 한턱내지.”

"와, 신난다! 누나, 우리도 용돈 모아서 주식 투자 하자!"

한준이가 환호성을 지르며 말했습니다.

"주식 투자는 기업 입장에서는 커다란 도움이 되는 일이지만, 개인 투자자의 입장에서는 위험이 따르는 투자라고 할 수 있어."

"왜요?"

한준이가 고개를 갸웃하며 물었습니다.

"회사가 이익을 내지 못해서 배당금을 한 푼도 못 받게 되는 경우도 있고, 회사가 망해서 투자한 돈을 모두 잃어버리는 경우도 생길 수 있거든."

"제가 어른이 되면 이익이 많이 날 회사에 주식 투자를 하고, 배당금을 많이 많이 받아서 한턱 쏠게요."

한준이에게 계획이 하나 더 생겼습니다.

26
금리
돈을 빌려 쓰면 내는 사용료

"아빠, 엄마랑 은행 가서 통장 만들었어요! 누나, 이거 봐라."

엄마와 은행에 다녀온 한준이가 통장을 흔들며 자랑했습니다.

"이자가 붙어서 돈이 불어날 테니 한준이는 좋겠네."

"이자요? 돈이 불어난다고요? 우아."

돈이 불어난다는 말에 한준이의 입이 벌어졌습니다.

"스케이트장에서 스케이트 빌릴 때 돈을 냈었지? 마찬가지로 돈을 빌려 썼을 때도 사용료를 내야 하는데, 그것이 바로 이자야."

"돈을 빌려 쓴 사용료라고요?"

 교과 연계 | 6-1 사회 2. 우리나라의 경제 발전 (1) 우리나라 경제 체제의 특징

"한준이처럼 사람들이 저금을 하면(예금) 은행에서는 이걸 돈이 필요한 다른 사람이나 기업에게 빌려주게 되는데(대출), 돈을 빌려 간 사람에게서 대출 이자를 받아서 저금한 사람에게 예금 이자를 주는 거란다."

"그런데요, 이자를 받아서 다 이자로 주면 은행은 남는 게 없잖아요."

한준이가 걱정스러운 듯 말했습니다.

"하하. 은행은 예금 이자보다 대출 이자를 더 높게 매겨서 그 차이만큼 이익을 얻는단다. 한준이는 커서 한국은행 총재가 된다고 했지? 여기 한국은행 기사가 났네."

아빠가 스마트폰의 기사를 보여 주었습니다.

한준이가 '한국은행 기준 금리 연 3.5% 유지…'라는 제목의 기사를 살펴봤습니다. 그러더니 채 10초도 안 돼 너무 어렵다며 고개를 절레절레 흔들었습니다.

"오늘은 금리가 뭔지 알아보자. 처음에 빌린 돈을 원금이라고 하는데, 이 원금의 이자를 몇 퍼센트로 할 것인지 나타내는 것을 금리 또는 이자율이라고 해. 보통 1년 단위로 정하는데, 예를 들어 금리가 연 5%라고 하면 1년 이자가 원금의 5%라는 뜻이야. 그러니까 금리가 높다는 건 이자가 많다는 뜻이지."

그러면 금리는 누가 결정하는 건지 궁금해 하는 서연이와 한준이에게 아빠는 은행들이 자유롭게 정한다고 알려 주었습니다.

"아빠, 은행 마음대로 막 올리기도 하고 내리기도 해요?"

서연이가 말했습니다.

"그런 건 아니야. 돈을 빌려 쓰려는 사람은 많은데 은행이 빌려줄 수 있는 돈이 적으면 금리가 오르고, 반대로 은행에 돈은 많은데 빌려 쓰려는 사람이 적으면 금리가 떨어지지. 시장에서 물건값이 오르고 내리는 것과 같은 이치야."

"금리는 누구에게나 다 똑같아요?"

서연이가 궁금한 듯 물었습니다.

"그렇지 않아. 대출 금리부터 한번 볼까? 신용이 좋으면 금리를 낮춰 주고 반대로 신용이 나쁘면 금리가 높아지지. 그리고 예금 금리는 예금의 종류와 기간에 따라서도 달라진단다."

"가만, 어제 현제한테 5천 원 빌려준 거 나도 이자 받을까? 아냐, 친구끼리니까 안 받는 게 낫겠지?"

한준이가 심각한 표정으로 혼잣말을 했습니다.

부동산
움직여서 옮길 수 없는 재산

옛날 어떤 나라에 땅조아라는 욕심 많은 부자가 있었습니다. 땅조아는 돈이 될 만한 땅이 있으면 수단과 방법을 가리지 않고 사들이고 비싸게 되팔아 재산을 불렸습니다. 소문을 들은 임금님이 어느 날 땅조아를 불러 말했습니다.

"네 발길이 닿는 곳은 모두 네 땅으로 삼을 수 있게 해 주마."

땅조아는 뛸 듯이 기뻐하며 한 뼘의 땅이라도 더 차지하려고 몇 날 며칠을 아무것도 먹지 않고 잠시도 쉬지 않고 내달렸습니다. 며칠 후 사람들은 길에 쓰러진 채 숨을 거둔 땅조아를 발견했습니다.

 교과 연계 | 4-2 사회 2. 필요한 것의 생산과 교환 (1) 경제 활동과 현명한 선택
　　　　　　 6-1 사회 2. 우리나라의 경제 발전 (1) 우리나라 경제 체제의 특징

일요일 오후, 서연이와 한준이가 아빠가 들려주는 옛날이야기를 듣는 중이었습니다.

"예나 지금이나 눈에 불을 켜고 부동산에 투기하는 사람들은 있기 마련인가 보죠."

옆에서 엄마가 웃으며 말했습니다.

"아빠, 부동산이 정확히 뭐예요?"

한준이가 물었습니다.

"재산에는 부동산과 동산이 있단다. 우리 서연이와 한준이가 한자 공부를 얼마나 열심히 했나 보자. 부동산을 한자로 쓰면, 아니라는 뜻

의 부(不), 움직인다는 뜻의 동(動), 재산이라는 뜻의 산(産)이야. 무슨 뜻일까?"

"움직이지 않는 재산요."

한준이가 자신 있게 대답했습니다.

"맞아. 움직여서 옮길 수 없는 재산을 부동산이라고 하는데, 부동산은 크게 토지(땅)와 건물로 나눠지. 토지의 종류로는 밭이나 논, 주택을 짓는 땅(대지), 공장을 짓는 땅(공장 부지), 나무를 키우는 땅(임야) 등이 있어. 그리고 건물의 종류로는 아파트, 단독 주택, 사무용 빌딩, 공장 등이 있단다."

"그러면 반대로 동산은 옮길 수 있는 재산을 말하는 건가요?"

서연이가 똘망똘망한 눈으로 아빠에게 물었습니다.

"그래, 우리 서연이가 잘 아는구나. 돈이나 보석, 골동품, 자동차 같은 건 동산이라고 한단다."

"서연 아빠, 내 친구 혜은이 있죠? 글쎄, 걔네가 외국 근무 나갈 때 강남의 아파트를 팔고 은행에 예금을 맡겨 놓았대요. 그때는 은행 금리가 높았잖아요. 그런데 우리나라로 돌아와서 지금 다시 집을 사려니까 그 돈으로는 턱없이 모자란다는군요. 아파트는 계속 짓는데 왜 부동산 가격은 계속 오르는지."

엄마가 불만스러운 듯 말했습니다.

"아파트를 자꾸 지어도 공급에 비해서 사려는 사람이 더 많으니까 값이 오르는 거겠지만, 은행 금리도 부동산 가격을 올리는 데 한몫을 하잖아."

"금리가 부동산 가격을 올려요?"

서연이가 눈을 동그랗게 뜨고 물었습니다.

"예금 금리가 낮으면 은행에 예금하기보다 부동산 같은 실물 자산(실체가 있는 자산)을 사려는 사람이 늘어나서 부동산 가격이 오르게 되지. 반면에 금리가 높아서 예금 이자를 받는 것이 유리하면 부동산을 사려는 사람이 줄어들어. 대출을 받아 부동산을 사려는 사람도 줄어들고. 그러면 부동산 가격도 떨어지게 되지."

"엄마 아빠, 제가 커서 대통령이 되면 아파트를 많이 많이 지어서 집 없는 사람들에게 나누어 줄 거예요."

가만히 듣던 한준이가 말했습니다.

"한준이가 대통령이 되면 우리나라가 아파트 천국이 되겠네. 하하."

28

보험
뜻밖의 경제적 손실에 대비

"민규 아빠 공장에 불이 나서 물건들이 다 탔다고 들었어요. 어떻게 위로를 드려야 할지 모르겠네요."

거실에서 엄마가 아래층에 사는 민규 엄마와 근심 가득한 얼굴로 이야기 중이었습니다.

"사람이 안 다친 게 그나마 다행이죠, 뭐. 그래도 애들 아빠가 미리 보험을 들어 놓은 게 있어서 다시 일어설 수 있을 것 같아요."

혼자 고개를 갸우뚱하던 한준이가 민규 엄마가 간 후 엄마에게 물었습니다.

 교과 연계 I 4-2 사회 2. 필요한 것의 생산과 교환 (1) 경제 활동과 현명한 선택

"보험? 그게 뭐예요?"

"보험은 우연한 사고가 생겨 목돈이 들어갈 경우에 대비해서 미리 일정한 돈(보험료)을 냈다가 어려운 일이 닥쳤을 때 목돈을 받는 걸 말한단다. 이러이러한 일이 생겼을 때 얼마를 받겠다고 보험 회사와 미리 약속을 하는 거지."

"보험도 여러 가지가 있는 것 같던데요. 어떤 것들이 있어요?"

어느새 거실로 나온 서연이가 또랑또랑한 눈으로 엄마의 대답을 기다렸습니다.

"우선 자동차 사고가 났을 때를 대비하는 자동차 보험이 있지. 아빠 차도 보험에 들었단다. 그리고 집이나 공장에 불이 났을 때를 위한 화재 보험이 있고 사람의 생명을 대상으로 하는 생명 보험도 있어. 이것 말고도 아주 많단다."

"엄마, 지난번에 할머니를 위해서 무슨 보험을 들어 놓았다고 하셨는데 그건 뭐였죠?"

"아, 건강 보험이야. 혹시 편찮으시면 병원비를 받을 수 있단다."

"사실 난 자동차 보험료는 꼬박꼬박 내는데, 한 번도 사고가 없어서 한 푼도 못 받았잖아."

아빠가 아깝다는 표정으로 말했습니다.

"아니, 그게 아깝다고요? 사고가 안 난 게 얼마나 다행인데."

엄마가 아빠를 흘겨보며 말했습니다.

"엄마, 전에 우릴 위해서도 보험을 들어 놓았다고 하셨던 것 같아요."

"그럼. 너희들 대학 갈 때 입학금으로 쓰려고 교육 보험을 들어 놓았지."

"엄마 아빠, 감사합니다!"

서연이와 한준이가 동시에 말했습니다.

"어느 세계적인 축구 선수는 자기 다리에 수억 달러의 보험을 들었다는구나. 몸 상태가 생계 활동에 직결되는 연예인이나 운동선수들은 사고가 나서 몸이 다쳤을 때 보상받기 위해서 신체 보험에 드는 경우가 꽤 있다고 해."

"아빠, 제 다리에도 보험 좀 들어 주세요."

한준이가 무언가 골똘히 생각에 잠겨 있다가 말했습니다.

"다리는 갑자기 왜?"

"미래의 국가 대표 축구 선수 다리니까요. 헤헤."

"축구 선수라고? 언제는 한국은행 총재라더니. 참, 지난번엔 세계적인 게임 개발자가 된다고 했고, 또 기업가가 된다고도 했잖아."

서연이가 핀잔을 주었습니다.

"내 분신 로봇을 여러 개 만들어서 모두 하면 되잖아. 아, 그러려면 로봇 과학자도 되어야겠네."

한준이는 자기가 말해 놓고도 우스운지 배시시 웃었습니다.

서비스 산업
서비스 상품을 제공하는 산업

한준이는 요즘 기분이 좋았습니다. 왜냐하면 외국에 살고 있는 사촌 누나 수연이와 사촌 형 형준이가 방학을 맞아 서울에 왔기 때문이었습니다. 게다가 오늘은 갈빗집에서 함께 저녁을 먹게 되어 더욱 신이 났습니다.

그때 식당 종업원 아줌마가 무뚝뚝한 표정으로 밑반찬들을 덜그럭 소리가 나게 식탁 위에 놓고 갔습니다.

"저분이 우리한테 화가 났나 봐요."

 교과 연계 | 4-2 사회 2. 필요한 것의 생산과 교환 (1) 경제 활동과 현명한 선택
| 6-1 사회 2. 우리나라의 경제 발전 (2) 우리나라의 경제 성장

형준이가 당황한 듯 말했습니다.

"형, 걱정 마. 아마 바빠서 그러셨을 거야."

한준이가 말했습니다.

"서비스 산업이 발전하려면 종사하는 사람들이 서비스 정신을 가져야 하는데, 때로 그러지 못한 경우도 있지."

"아빠, 서비스 산업이란 말은 처음 들어 봐요."

서연이가 고개를 갸우뚱했습니다.

"우리 생활에 꼭 필요한 두 가지가 재화와 서비스라고 아빠가 전에 설명해 주었었지? 서비스가 뭐더라?"

"우리가 생활하려면 전문가나 기술자 등 다른 사람들의 도움이 반드시 필요한데, 이러한 도움을 통틀어서 서비스라고 해요."

서연이가 얼른 대답했습니다.

"서연이가 아주 정확히 알고 있구나. 이처럼 서비스 상품을 제공하는 산업을 서비스 산업이라고 한단다."

"작은아빠, 사람들은 보통 식당이나 술집 같은 곳만 서비스업을 하는 곳으로 잘못 생각하는 것 같아요."

옆에서 말없이 듣던 고등학생 수연이가 대화에 끼었습니다.

"그래, 서비스업을 비생산적이고 낭비적이라고 오해하는 사람이 많은데, 서비스 상품 중에는 생산과 투자로 직접 연결되어 나라 경제 발전에 중요한 역할을 하는 것이 대단히 많단다."

"작은아빠, 학교·병원·은행·보험 회사, 택배 회사나 항공사, 방송국 같은 곳들이 모두 다 서비스 산업이라고 할 수 있죠?"

형준이가 서비스 산업이라고 할 수 있는 것들을 손으로 꼽으며 말했습니다.

"오, 형준이가 중학생이라 역시 잘 알고 있구나. 형준이가 말한 것 외에도 호텔 같은 숙박업, 상인의 도매·소매 활동을 비롯해서 영화·

연극·음악·스포츠 등이 다 서비스 산업에 속하지. 경제가 발전할수록 서비스 산업이 차지하는 비중이 커진단다."

형준이가 진지한 표정으로 왜 그런 건지 궁금하다고 했습니다.

"가장 큰 이유는 소득 수준이 높아질수록 사람들이 건강이나 여가·교육 등 다양한 서비스에 대해 관심이 높아지기 때문이란다. 우리나라 서비스 산업 중에서 가장 빨리 성장한 게 뭔지 아니?"

모두가 대답을 찾느라 생각에 잠긴 표정이었습니다.

"몇십 년 전부터 우리나라에서 인터넷과 무선 통신 수요가 폭발적으로 늘었잖니? 그 덕분에 통신 서비스업이 매년 빠르게 성장하고 있어. 우리나라의 정보 통신 서비스는 세계적으로 높은 수준이지."

"앗, 축구 중계 할 시간 다 됐네. 얼른 저녁 먹고 TV 중계 서비스 받으러 가야겠어요!"

한준이의 기발한 표현에 모두가 다 웃었습니다.

경제 성장률
사람이 자라듯 나라 경제도 자란다

일요일인데도 아침 일찍 일어난 서연이와 한준이가 아빠 엄마에게 아침 인사를 했습니다. 거실 벽에 걸린 TV에서는 '경제 성장률 저성장 시대'라는 다큐멘터리가 방송 중이었습니다.

"오랫동안 어려웠으니 이제는 경제가 많이 성장했으면 좋겠어요. 참, 오늘 아침은 당신이 챙겨 줘요."

할머니 댁에 가려고 채비한 엄마가 집을 나서며 말했습니다.

"아빠, 경제도 자라나나요?"

한준이가 물었습니다.

 교과 연계 | 6-1 사회 2. 우리나라의 경제 발전 (1) 우리나라 경제 체제의 특징

"물론이지. 우리 한준이가 키가 자라고 몸무게가 늘어나는 것처럼 한 나라의 경제도 발전하면서 성장하게 되는 것이란다."

"아, 나라 경제도 우리처럼 자라는군요."

한준이가 벽에다 등을 대고 키를 재는 시늉을 했습니다.

"한 나라가 얼마나 성장하였는지를 알려면 그 나라의 국내 총생산(GDP, Gross Domestic Product)이 얼마나 늘었는지를 알아보면 된단다."

"국내 총생산요? 말이 너무 어려워요!"

한준이가 고개를 절레절레 저었습니다.

"자, 잘 들어야 돼. 한 나라 안에서 1년 동안 경제 활동을 통해서 생산해 낸 모든 생산물의 가치를 합한 것을 국내 총생산이라고 해. 이때 생산물의 가치는 시장 가격으로 바꾸어 계산하는데, 시장에서 거래된 것만 국내 총생산에 포함되기 때문이야."

"누나, 어렵다. 안 그래?"

한준이의 말에 서연이가 머리를 크게 위아래로 끄덕였습니다.

"그런데 이 국내 총생산이 바로 경제 성장의 잣대가 된단다. 경제가 활발하게 잘 돌아가서 국내 총생산이 많아지면 경제가 성장했다고 하고, 반대로 줄어들면 경제 성장이 마이너스가 되었다고 말하지."

서연이와 한준이는 경제 성장률이란 어려운 말에 주눅이 든 표정이었습니다.

"경제 성장률은 지난해의 국내 총생산에 비해서 올해의 국내 총생산이 얼마나 증가했는지를 백분율로 표시한 것이지. 백분율은 전체 수량을 100으로 하여 그것에 대해 가지는 비율, 곧 퍼센트를 말하는 거야. 예를 들어 어느 해의 경제 성장률이 4.0%라고 한다면 이것은 그 전해에 비해서 국내 총생산이 4.0% 증가했다는 뜻이지."

"경제 성장률은 높을수록 좋은 거네요. 그렇죠?"

서연이가 물었습니다.

"꼭 그렇지는 않아. 우리나라가 예전에 한창 경제가 발전하던 시절에는 15% 가까운 성장률을 보인 적도 있지만, 선진국들의 경우 보통 2~4%의 성장률을 보여 주고 있단다. 키가 크다고 건강한 게 아닌 것처럼 성장률이 무조건 높다고 좋은 건 아니야."

"하긴 그래요. 우리 반에도 키는 큰데 몸이 약한 아이들도 있어요."

한준이가 고개를 끄덕였습니다.

"물론 경제가 성장해야 소득도 늘고 일자리도 많아지지. 하지만 지나치게 빠르게 성장하면 인플레이션을 불러올 수도 있고 환경 오염 같은 부작용도 생길 수 있단다."

그때 한준이의 배에서 꼬르륵 하는 소리가 났습니다.

"아 참, 우리 아직 아침 안 먹은 거지?"

아빠가 후다닥 주방으로 달려갔습니다.

31

정부
민간이 하기 어려운 일을 맡아 한다

 가로등이 환히 켜진 동네 공원에서 한준이와 서연이는 아빠 엄마와 함께 배드민턴을 쳤습니다.
 "공원이 이렇게 잘 가꿔지고 환하니까 얼마나 좋아요. 정부가 세금으로 하는 일이 참 많네요."
 운동을 마치고 집으로 향하는 길에 엄마가 말했습니다.
 "참, 학교에서 선생님이 숙제를 내 주셨는데요, 정부가 하는 일에 대해서 다음 주까지 알아 오라고 하셨어요."

 교과 연계 l 4-1 사회 3. 지역의 공공 기관과 주민 참여 (1) 우리 지역의 공공 기관
l 6-1 사회 1. 우리나라의 정치 발전 (3) 민주 정치의 원리와 국가 기관의 역할

서연이의 말을 들은 아빠가 집에 가서 이야기해 보자고 했습니다.

집에 돌아온 서연이와 한준이는 공책과 연필을 챙겨 들고 부모님이 있는 거실로 나왔습니다.

"자, 우리가 살아가는 데 필요한 재화와 서비스는 어디서 얻을 수 있다고 했지요?"

아빠가 서연이와 한준이를 바라보며 물었습니다.

"저요, 저요! 시장이요."

한 손을 높게 든 한준이가 자신만만한 목소리로 대답했습니다.

"그래. 그런데 민간이 공급할 수 없는 재화와 서비스가 있단다. 그 성격상 민간이 맡기가 어려운 경우, 민간이 담당하기에는 그 규모가 너무 크거나 수지가 맞지 않는 경우, 국민의 안전과 관계되는 일인 경우에는 정부가 공급을 담당한단다."

"그런 게 뭐가 있어요?"

한준이가 물었습니다.

"국방, 경찰, 소방을 비롯해서 사법, 행정 그리고 도로·항만·철도·댐·공원을 건설하는 일, 상수도·하수도 시설을 만드는 일, 학교를 세우고 교육을 시키는 일 등등 아주 많아. 이처럼 정부가 공급하는 것이 바람직하다고 판단되는 재화 또는 서비스를 공공재라고 한단다."

"그런 거 하려면 돈이 무지 많이 들잖아요. 돈은 어디서 구해요?"

비용에 관심이 많은 한준이가 다시 물었습니다.

"국민이 내는 세금으로 하는 거겠지."

서연이가 그리 쉬운 것도 모르냐며 핀잔을 주었습니다.

"정부가 하는 일은 또 있지. 시장 경제에서는 소득의 격차가 생기기 마련이잖아. 사람들은 잘살기 위해 열심히 노력하지만 노인이나 장애인, 소년 소녀 가장 등 자기 힘으로 돈을 벌어서 살아가기가 어려운 사람들도 있어. 그런 사람들에게는 최소한의 생활을 할 수 있도록 정부가 도움을 준단다. 또 시장 경제에서는 모든 것이 시장에서 이루어지고 결정되지만, 시장에서 공정하게 경쟁을 할 수 있도록 규칙을 정하고 감시하고 심판하는 일은 정부가 맡는단다."

말을 마친 아빠가 TV를 켜자 일기 예보가 나왔습니다.

그러자 한준이가 며칠 뒤 현장 체험 학습 가는 날 날씨가 좋다면서 만세를 외쳤습니다.

"일기 예보도 정부가 맡은 서비스 중의 하나야. 물론 요즘엔 민간에서도 서비스하는 곳이 많이 늘고 있지."

아빠가 덧붙여 말했습니다.

32

경상 수지
외국과의 거래에서 생기는 수입·지출의 차이

"경상 수지가 또 적자로 돌아서서 걱정이야. 상품 수지는 그렇다 치더라도 서비스 수지마저 적자 폭이 크게 늘어났네. 해외여행이 주범이야."

거실에서 뉴스를 보던 아빠가 못마땅한 듯 쯧쯧 혀를 차며 말했습니다.

"아빠, 주범은 범인이라는 뜻이죠? 누가 범인이라고요? 범인은 잡았대요?"

교과 연계 ㅣ 4-2 사회 2. 필요한 것의 생산과 교환 (2) 교류하며 발전하는 우리 지역
ㅣ 6-1 사회 2. 우리나라의 경제 발전 (3) 세계 속의 우리나라 경제

마침 거실로 나오던 한준이가 아빠 말씀의 뒷부분만 듣고는 숨 돌릴 새 없이 질문을 쏟아 냈습니다.

"하하. 그런 게 아니라 경상 수지 적자가 늘었는데, 해외 여행이 경상 수지에 악영향을 끼친다는 뜻이야."

"경상 수지요?"

"경상 수지를 이해하려면 먼저 국제 수지가 어떤 것인지 알아야 해. 일정 기간 동안에 한 나라가 외국과 거래한 모든 국제 거래의 기록을 종합한 것을 국제 수지라고 하지. 국제 수지는 또 크게 경상 거래와 자본 거래 두 가지로 나뉜단다."

"경상 거래, 자본 거래요? 우아, 어렵다."

"경상 거래는 재화나 서비스를 사고파는 거래를 말하고, 자본 거래는 외국에 돈을 빌려주거나 빚을 얻어 오는 돈 거래를 말하지."

"그러면 경상 수지는요?"

서연이가 착실하게 공책에 쓰면서 말했습니다.

"수지라는 말은 거래 관계에서 얻는 이익이라는 뜻인데, 경상 거래에서 일정 기간 동안에 들어오는 돈과 나가는 돈 사이에 생기는 차이를 경상 수지라고 한단다."

"그러면 경상 수지 적자는 경상 거래에서 적자가 났다는 뜻이군요."

서연이가 고개를 끄덕였습니다.

"그렇지. 국제 거래는 주로 미국 돈인 달러로 하는데, 나라 안으로 들어온 달러가 나라 밖으로 나간 달러보다 많을 경우 경상 수지가 흑자라고 하고, 그 반대의 경우에는 경상 수지가 적자라고 말하지."

"경상 수지와 국제 수지가 같은 말처럼 쓰이던데, 왜 그렇죠?"

과일 접시를 들고 오던 엄마가 말했습니다.

"국제 수지는 경상 수지보다 더 넓은 개념이지만 경상 수지가 가장 중요하고 큰 부분을 차지하다 보니까 보통 경상 수지를 국제 수지라고 부르기도 해요."

"아빠, 그러니까 사람들이 해외 여행을 많이 가는 바람에 경상 수지가 적자가 된 건가요?"

서연이가 똘망똘망한 눈으로 아빠를 쳐다보며 물었습니다.

"경상 수지 안에서 대부분을 차지하는 것이 상품 수지와 서비스 수지인데, 상품 수지는 흑자를 내기도 하고 적자를 내기도 하지만 서비스 수지에서는 계속 적자가 이어져서 경상 수지 흑자 확대에 부정적 영향을 끼치고 있지."

"상품 수지? 서비스 수지?"

한준이가 혼잣말처럼 중얼거렸습니다.

"상품 수지는 상품의 수출과 수입의 차이를 나타내는 것이고, 서비스 수지는 운수·여행·통신·보험·특허권 사용료 등 서비스를 거래해서 벌어들이는 돈과 지급한 돈의 차이를 나타내는 거야. 그러니까 선박·자동차 같은 상품을 수출해서 벌어들인 돈이 많지만 해외 여행 가서 쓴 비용도 만만치 않아 흑자를 내기 어렵다는 얘기지."

한준이가 어려워하는 걸 안 아빠가 얼른 설명을 보탰습니다.

"누나, 나중에 대학생 되면 배낭여행 간댔잖아. 그땐 서비스 수지가 좋았으면 좋겠다, 그렇지?"

한준이가 서연이를 향해 걱정된다는 듯 말했습니다.

33
환율
우리 돈과 달러의 교환 비율

"민이네 회사가 요즘 환율 때문에 많이 어렵대요. 수출 업체들은 다 손해를 보는 거죠, 뭐."

저녁을 먹고 식구들이 둘러앉아 과일을 먹고 있는데, 엄마가 오늘 낮에 외삼촌과 통화한 얘기를 꺼냈습니다.

"환율이 뭔데 외삼촌네 회사를 괴롭혀요? 나쁜 건가 보죠?"

한준이는 곧 달려가서 혼내 주기라도 할 것 같은 표정이었습니다.

"각 나라마다 사용하는 돈이 다른데, 서로 맞바꾸어야 할 필요가 생기잖아. 그때 얼마에 맞바꿀 것인지를 정하는 교환 비율을 환율이라

 교과 연계 | 6-1 사회 2. 우리나라의 경제 발전 (3) 세계 속의 우리나라 경제

고 한단다."

아빠가 껄껄 웃더니 자세히 설명해 주었습니다.

"우리나라에서 보통 환율이라고 이야기할 때는 우리 돈과 달러의 교환 비율을 가리키는 거란다. 예를 들어 환율이 천 원이라고 하는 건 미국 돈 1달러와 우리 돈 천 원을 맞바꿀 수 있다는 뜻이야."

"환율은 정해져 있는 건가요? 그리고 누가 정하는 건가요? 정부가 하는 거예요?"

서연이가 궁금한 게 많은지 여러 가지를 물었습니다.

"아니, 돈도 하나의 상품이라고 볼 수 있거든. 달러를 사고파는 곳을 외환 시장이라고 하는데, 여기서 환율이 결정된단다. 시장에 나온 물건이 많으면 값이 떨어지고 물건이 귀하면 값이 올라가잖아. 팔려는 달러가 많아지면 값이 내려가서 환율이 떨어지고, 달러가 귀하면 값이 올라가서 환율도 오르는 거야."

이해가 잘 안 된다는 표정을 짓는 서연이와 한준이를 향해 아빠가 싱긋 웃더니 설명을 계속했습니다.

"예를 들어 1달러에 천 원 하던 달러가 9백 원이 됐다면 '원 달러 환율이 떨어졌다.' 또는 '환율이 하락했다.'라고 말한단다. 전에 비해 백 원을 덜 주고도 1달러를 살 수 있으니까 달러의 가치는 떨어지고 우리 돈의 가치는 높아졌다는 뜻이야. 이런 경우를 달러 약세, 원화 강세라고도 표현하지."

"반대로 천 원 하던 달러가 천백 원이 되면 뭐라고 말할까?"

"음, '환율이 올랐다.' 또는 '환율이 상승했다.'라고 말할 것 같아요. 1달러를 천 원이면 살 수 있었는데 백 원을 더 줘야 하니까 달러의 가치는 오르고 우리 돈의 가치는 떨어진 것이고요."

서연이가 또박또박 대답했습니다.

"맞아, 이런 경우를 달러 강세, 원화 약세라고도 말하지."

"환율이 떨어지는 건 우리 돈의 가치가 높아지는 거니까 떨어지는 게 좋은 거네요."

"환율이 떨어지면 물건을 사 올(수입) 때 유리하고 환율이 올라가면 외국에 물건을 팔(수출) 때 유리하니까, 어느 게 더 좋다고 얘기할 수는 없어."

"환율이 많이 떨어져서 외삼촌네 회사의 수출이 걱정이라고 하셨죠?"

서연이가 외삼촌 회사 얘기를 꺼냈습니다.

"예를 들어 우리나라 회사가 미국에 장난감을 한 개에 1달러를 받고 수출한다고 하자. 그런데 1달러에 천 원 하던 환율이 천 백 원으로 올랐어. 그러면 우리나라 회사가 미국에 똑같은 1달러짜리 장난감을 수출하더라도 가만히 앉아서 개당 백 원을 더 벌게 되는 거잖아. 그 반대로 환율이 천 원에서 9백 원으로 떨어지면 어떻게 될까?"

"장난감 한 개에 백 원씩 손해를 보게 되는 거잖아요. 그래서 수출할 때는 환율이 높은 게 좋은 거군요?"

서연이가 이제 확실히 알았다는 표정을 지었습니다.

"그렇지. 하지만 수입의 경우는 그 반대야. 우리나라 회사가 외국에서 똑같은 1달러짜리 상품을 수입하더라도 환율이 천 원에서 천 백 원으로 오르면 개당 백 원을 더 지불해야 하지만, 반대로 환율이 천 원에서 9백 원으로 떨어지면 1달러당 백 원씩 덜 줘도 되니까 이익이거든."

"그나저나 환율이 자꾸 떨어지면 외삼촌이 힘드셔서 어떡하죠?"

한준이가 마치 어른 같은 말투로 얘기해서 엄마와 아빠의 눈이 휘둥그레졌습니다.

34

노동조합
근로자의 이익을 위한 단체

한준이는 아빠가 퇴근하고 어서 집에 돌아오기를 기다렸습니다. 오늘 자전거를 사러 가기로 했는데 이미 밖에는 어둠이 내렸습니다. 드디어 현관문이 열리는 소리가 들리더니 아빠가 지친 표정으로 들어왔습니다.

"어휴, 노조원들이 거리에서 시위하는 바람에 길이 꽉 막혀서 이렇게 늦었어."

엄마가 한준이에게 오늘은 너무 늦었으니까 자전거는 다음에 사러

교과 연계 | 4-2 사회 2. 필요한 것의 생산과 교환 (1) 경제 활동과 현명한 선택
| 5-1 사회 2. 인권 존중과 정의로운 사회 (3) 헌법과 인권 보장

가자고 했습니다. 순간 한준이의 입술이 앞으로 삐죽 나왔습니다.

"요즈음 투쟁에 나선 노동조합들이 많은 것 같아요."

저녁 식사를 하는 도중에 엄마가 말했습니다.

"너희들, 노동조합이 뭔지 아니?"

아빠가 서연이와 한준이를 번갈아 쳐다보며 물었습니다. 서연이와 한준이는 동시에 고개를 좌우로 흔들었습니다.

"음, 노동조합은 근로자들이 회사의 경영자를 상대로 자신들의 근로 조건을 유지하고 개선하기 위해 만든 단체를 말한단다. 줄여서 노조라고 부르지. 노동조합에 속한 사람인 노동조합원은 줄여서 노조원이라고 하고."

"노동조합 사람들이 길거리에서 시위를 하는 바람에 교통 체증이 생기기도 하니까 노동조합을 못 만들게 했으면 좋겠어요."

자전거를 사러 가지 못해 시무룩한 한준이가 불만스러운 목소리로 말했습니다.

"무슨 소리. 노동조합은 근로자들의 권리와 이익을 보호하기 위해 꼭 필요한 것이란다. 그래서 나라에서는 근로자들이 노동조합을 만들어서 활동할 수 있도록 법으로 보호하고 있어. 당연히 노조도 법과 규칙을 지키면서 활동해야 하고."

"노동조합은 어떤 일을 하는데요?"

서연이와 한준이가 합창하듯 질문했습니다.

"회사의 직원은 사장과 대등한 관계를 유지하기 어렵거든. 그래서 근로자들이 조합을 만들어서 임금이나 근로 시간, 작업 환경 같은 문제들에 대해서 회사 측과 협상을 하는 거야."

그때 마침 TV 화면에 노조원들이 거리에서 시위하는 장면이 나왔습니다.

"그런데 회사와 노동조합은 원래 사이가 나쁜가요? 그러니까 저렇게 시위를 하는 거잖아요."

TV 화면에서 눈을 떼지 못하는 한준이가 질문했습니다.

"회사를 운영하는 입장에서는 가능하면 적은 비용으로 많은 이익을 내고 싶어 하고, 반면에 근로자는 높은 임금을 받고 좋은 조건에서 일하고 싶어 하지. 그래서 서로 더 유리한 결과를 얻어 내려고 하다 보니까 다툼이 생기는 거란다."

"그런데 세계적인 일류 기업들은 노사 관계가 아주 좋다면서요."

엄마의 말에 아빠가 서연이와 한준이에게 노사 관계에 대해 설명해 주었습니다.

"사장인 경영자를 사용자라고 부르기도 하는데, 근로자와 사용자와의 관계를 노사 관계라고 한단다. 노사 관계가 좋은 회사는 특징이 있어. 경영자는 근로자를 회사를 함께 키워 가는 동반자로 생각하고, 근로자도 회사의 경영 상태를 무시한 채 무리한 임금 인상을 요구하지 않는단다."

"누나! 우리 노동조합 만들지 않을래?"

아빠의 말이 끝나자마자 한준이가 불쑥 서연이에게 말했습니다.

"노동조합을 만들어서 뭘 하려고?"

한준이가 무슨 말을 하려는지 눈치를 챈 엄마가 웃음을 참으며 눈을 흘기는 표정을 지었습니다.

"엄마 아빠한테 용돈 올려 달라고 요구하려고요. 헤헤."

35
신용
믿을 수 있어야 거래를 한다

"서연 엄마, 사업하는 내 친구 김 사장 알지? 갑자기 사업 자금이 필요하다는데, 적금 탄 돈을 좀 빌려주어야 할까 봐."

퇴근하고 온 아빠가 엄마의 눈치를 살피며 말했습니다.

"그래요. 게다가 그분은 평소에 신용이 좋잖아요."

"우리 서연이와 한준이도 신용 있는 사람이 되어야겠지?"

아빠가 엄마에게 동의해 줘서 고맙다고 말한 뒤 서연이와 한준이의 머리를 쓰다듬으며 말했습니다.

 교과 연계 | 4-2 사회 2. 필요한 것의 생산과 교환 (1) 경제 활동과 현명한 선택
| 6-1 사회 2. 우리나라의 경제 발전 (1) 우리나라 경제 체제의 특징

"너희들도 '신용이 있다.', '신용이 없다.' 하는 말을 들어 봤겠지? 사람들이 돈이나 상품을 빌릴 때 일정 기간 후에 수수료나 이자를 얼마만큼 내고 언제까지 갚겠다고 약속을 하게 되는데, 이런 약속을 잘 지키는 것을 신용이 있다고 말하는 거란다."

"아빠, 우리 반 애들 중에도 신용 없는 애들이 있어요."

서연이는 나쁜 기억이라도 떠올랐는지 심각한 표정을 지었습니다.

"어린이 여러분, 현대 사회는 신용 사회입니다. 그리고 신용은 재산이랍니다."

엄마가 차와 주스를 들고 오며 서연이와 한준이를 향해 아나운서 같은 말투로 말했습니다.

"신용이 재산이라고요?"

서연이와 한준이의 눈이 동그래졌습니다.

"신용 사회란 현금이 없어도 신용으로 물건과 서비스를 사고 돈을 빌릴 수 있는 사회, 다시 말해서 신용으로 상거래가 이루어지는 사회를 말한단다."

엄마가 계속해서 말했습니다.

"그리고 지금 당장 목돈이 필요한데 내게는 없을 때, 신용이 있는 사람은 은행에서 돈을 빌려서 마치 내 재산인 것처럼 쓸 수가 있거든. 그래서 신용이 재산이라고 말하는 거란다."

"아, 그래서 신용이 재산이 되는 거구나."

서연이와 한준이가 동시에 고개를 끄덕였습니다.

"신용 상태에 따라 금전적인 문제에서뿐 아니라 사회생활에서도 다른 대우를 받거든. 신용은 개인이나 기업뿐 아니라 국가 간 상거래를 하는 데도 중요한 평가 기준이 된단다. 은행에서 돈을 빌리려고 할 때, 은행은 먼저 빌리려는 사람의 신용 상태를 조회하지. 그래서 신용이 좋으면 쉽게 돈을 빌려주지만, 빚이 많거나 돈을 갚을 능력이 없어 보이면 돈을 아예 빌려주지 않거나 빌려주더라도 남보다 높은 이자를 매긴단다."

차를 다 마신 아빠가 자세히 설명했습니다.

"아빠, 그러면 국가 신용 등급은 나라의 신용을 말하는 건가요?"

서연이의 입에서 어려운 단어가 나오자 엄마 아빠의 눈이 동그래졌습니다.

"서연이가 국가 신용 등급이라는 말을 다 아는구나. 그렇지, 개인이나 기업뿐 아니라 나라에 대해서도 신용 상태를 따진단다."

"참, 엄마 아빠가 쓰는 신용 카드에도 신용이라는 말이 들어가네요."

한준이가 중요한 걸 발견하기라도 한 듯 말했습니다.

"그래, 신용으로 물건을 외상으로 사고 나중에 돈을 지불하기로 하는 것이지."

"엄마, 저도 신용 카드 만들어 주시면 안 될까요?"

한준이가 애교를 부리며 말했습니다.

"일반적으로 신용 카드는 매월 일정한 수입이 있어야 하고 만 19세 성인이어야 만들 수 있는데, 한준이가 올해 몇 살이더라?"

"만 19세라고요? 그러면 몇 년이 남았지? 어휴, 아직 멀었네."

손가락을 꼽아 보던 한준이가 실망한 표정으로 씨익 웃었습니다.

실업
일하고 싶어도 일자리가 없다

한준이는 아까부터 현관문을 향해 귀를 쫑긋 세우고 있었습니다. 지난번에 사지 못한 자전거를 오늘은 꼭 사러 가겠다고 벼르고 있었기 때문입니다. 그런데 아빠는 저녁 늦게 퇴근했습니다.

"아빠, 조금 일찍 오시면 안 돼요? 일찍 오셔서 우리하고 배드민턴도 치면 좋잖아요."

한준이가 볼멘소리로 불평을 했습니다.

"어머나! 한준아, 그러다 회사에서 아빠에게 그만두라고 하면 어쩌

교과 연계 l 4-2 사회 2. 필요한 것의 생산과 교환 (1) 경제 활동과 현명한 선택
l 5-1 사회 2. 인권 존중과 정의로운 사회 (2) 법의 의미와 역할

지? 아빠가 실업자가 될 수도 있겠네?"

엄마가 웃으며 말했습니다.

"너희들, 혹시 경제 활동 인구라는 말 들어 봤니?"

저녁 식사를 마친 아빠가 서연이와 한준이에게 물었습니다.

"어휴, 그렇게 어려운 말은 당연히 모르죠!"

한준이가 장난스럽게 대답했습니다.

"한 나라의 인구 중에서 일을 할 마음이 있고 일할 능력을 가진 사람들을 경제 활동 인구라고 해. 우리나라는 만 15세 이상의 인구 중에서 가정주부와 학생, 일할 마음이 없거나 아파서 일을 못 하는 사람 등을 뺀 나머지를 모두 경제 활동 인구로 보고 있단다."

"그러면 엄마와 우리는 경제 활동 인구가 아니네요."

한준이가 많이 아쉬운 듯 말했습니다.

"그래. 그리고 경제 활동 인구는 취업자와 실업자로 나뉜단다. 취업자란 직장을 가진 사람뿐만 아니라 돈을 벌기 위해서 일주일에 한 시간 이상 일하는 사람을 말하고, 실업자란 일할 마음이 있고 일할 능력도 있지만 일자리를 구하지 못한 사람을 가리킨단다."

"별이네 아빠도 회사를 그만두셨대요. 그런데 다음 달부터 월급이 더 많은 회사로 출근하신대요."

서연이가 말했습니다.

"실업자는 자신이 원해서 실업 상태가 되는 경우가 있고(자발적 실업), 원하지 않았는데도 실업하는 경우가 있지(비자발적 실업). 별이네 아빠처럼 직업을 바꾸거나 더 나은 일자리를 찾는 잠시 동안 실업 상태에 있는 경우는 자발적 실업이라고 한단다."

"우리 반에도 아빠가 실업자가 돼서 형편이 어려워진 친구가 있어요. 그런데 원하지 않았는데도 실업자가 되면 굉장히 슬프고 힘들 것 같아요. 비자발적 실업자는 왜 생기는 거예요?"

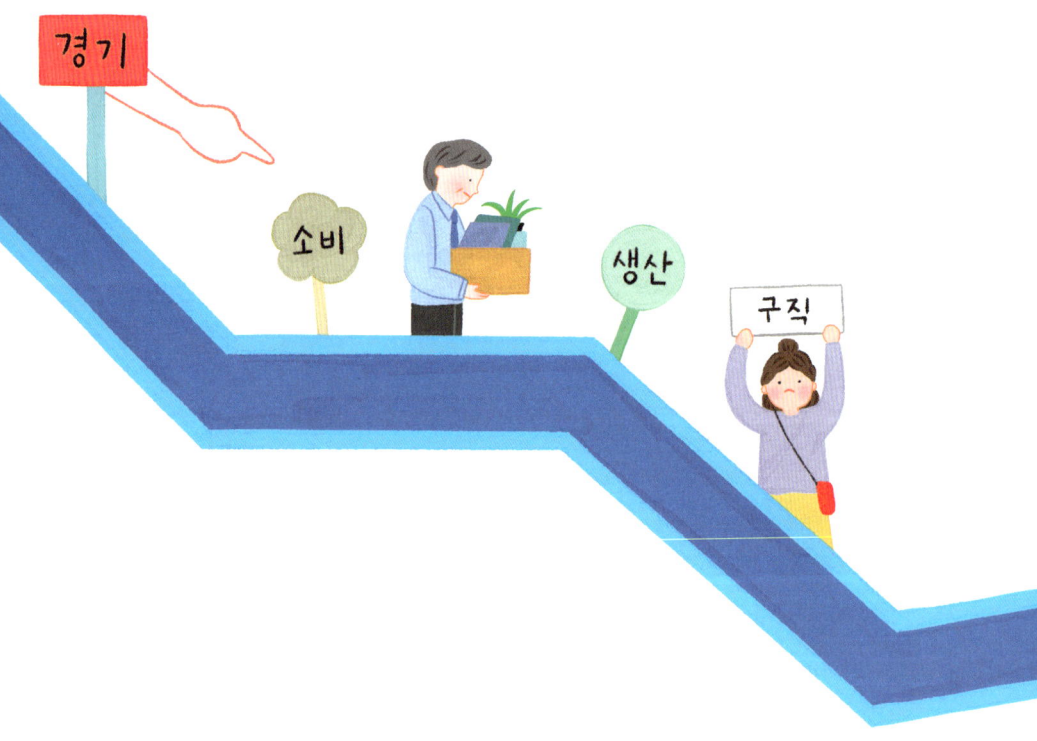

한준이가 마치 제 일처럼 속상한 표정을 지었습니다.

"비자발적 실업자가 많이 생기는 가장 큰 원인은 무엇보다 불경기란다. 불경기가 되면 사람들이 소비를 줄이게 되잖니. 그러면 기업이 생산을 줄이게 돼서 남는 직원을 내보내게 된단다. 그러면 직장을 잃는 사람이 늘어나고 일자리를 다시 구하기도 어려워지지."

"아, 그래서 소비가 필요한 거구나."

서연이와 한준이는 예전에 아빠가 소비에 대해 설명했던 내용을 잘 기억하고 있었습니다.

"기술이 발달함에 따라 예전의 기술이 아무 쓸모가 없어져서 실업자가 되는 경우도 있어. 그리고 예전 우리나라의 신발 산업처럼 어떤 산업의 경쟁력이 점점 약해져서 회사나 공장이 문을 닫거나 생산을 줄이면서 생기는 실업도 있단다."

"아빠, 정부가 모두 다 취직할 수 있게 만들면 되잖아요."

한준이가 이해할 수 없다는 표정으로 아쉬운 듯 말했습니다.

"정부가 모든 사람에게 다 일자리를 줄 수는 없고, 대신에 실업 문제가 심각해지면 새로운 일자리를 만들어 내기 위한 정책을 마련한단다."

제2부
시사 경제

01

고령 사회
돌봐야 할 노인이 늘어난다

"할머니의 생신을 축하합니다!"

"할머니, 오래오래 건강하게 사세요!"

서연이와 한준이는 사촌들과 함께 입을 모아 생신 축하 노래를 부르고 나서 큰 소리로 외쳤습니다.

"고맙다. 그렇지만 우리나라가 고령 사회라니 걱정이구나. 노인들이 너무 오래 살면 젊은 사람들이 힘들지."

할머니가 가족들을 둘러보며 말했습니다.

 교과 연계ㅣ 4-2 사회 3. 사회 변화와 문화의 다양성 (1) 사회 변화로 나타난 일상생활의 모습

"할머니도 참, 무슨 말씀을 그렇게 하세요. 아주 오래오래 사셔야죠."

한준이의 어른스러운 말투에 할머니가 대견하다는 듯 한준이의 머리를 쓰다듬었습니다.

서연이와 한준이의 가족이 집으로 돌아와서 TV를 켜자 뉴스에 고령 사회 이야기가 나왔습니다.

-우리나라의 저출산·고령화가 아주 빠르게 진행되고 있습니다.-

"이제 우리나라도 곧 고령 사회를 넘어 초고령 사회로 들어서겠군. 준비를 잘해야 할 텐데……."

아빠의 혼잣말을 듣고 서연이가 물었습니다.

"고령 사회? 아빠, 그게 뭐예요?"

서연이는 할머니의 이야기를 들을 때부터 고령 사회가 무슨 뜻인지 궁금했습니다.

"음, 일단 노인의 인구 비율이 높아지는 것을 고령화라고 해. 그 나라의 전체 인구 중에서 65세 이상인 사람이 7% 이상이면 고령화 사회, 14% 이상이면 고령 사회, 20% 이상이면 초고령 사회라고 한단다. 우리나라는 지난 2000년에 고령화 사회가 되었고 2018년에는 고령 사회가 되었지."

"벌써부터 초고령 사회가 걱정이네요."

엄마가 걱정스러운 표정을 지었습니다.

"사람들이 오래 살면 좋은 거잖아요. 그런데 그게 왜 걱정거리가 되는 거죠?"

서연이가 고개를 갸우뚱하며 말했습니다.

"전체 인구 중에서 노인이 많으면 많을수록 그만큼 생산 가능 인구가 줄어들게 되거든. 돌봐야 할 노인은 많아지는 대신에, 일을 하고 돈을 벌어 세금도 내고 저축을 하는 젊은 사람은 줄어든다는 뜻이지.

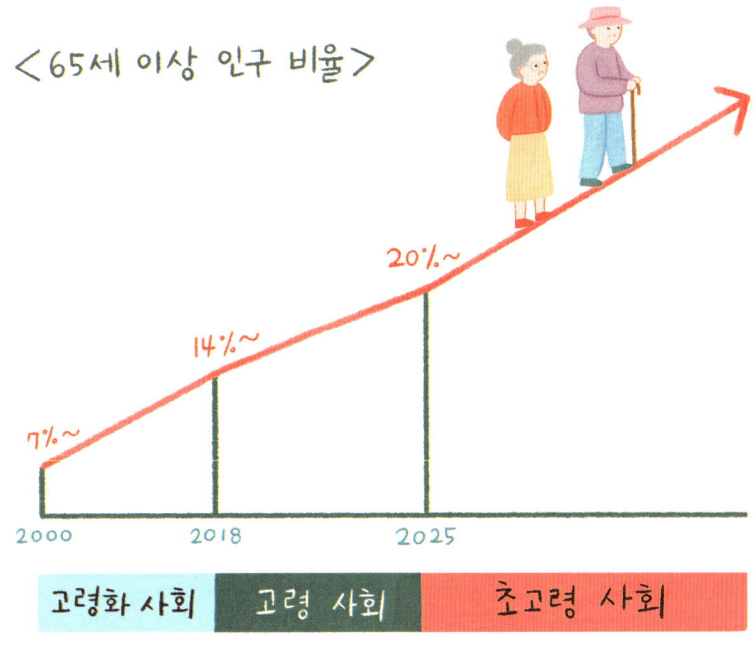

그러면 나라 경제의 발전이 더뎌지는 문제가 생긴단다."

"생산 가능 인구가 뭐예요?"

"생산 가능 인구란 생산 활동을 할 수 있는 15세 이상 64세 미만의 사람들을 가리키는 말이야. 2045년에는 우리나라의 고령자 비율이 세계에서 가장 높아질 거라는 전망도 있어. 고령화 문제는 전 세계 모든 나라의 고민거리가 되고 있지만 그중에서도 우리나라는 문제가 더욱 심각하단다."

"왜요? 우리나라가 왜 특히 문제예요?"

한준이의 눈이 동그래졌습니다.

"우리나라는 노인 인구가 다른 나라보다 굉장히 빨리 늘어나고 있는데 반대로 신생아 출생률은 점점 줄어들고 있거든. 새로 태어나는 아기는 적은데 노인은 계속 늘어나면 일해서 돈을 버는 사람이 적어지겠지? 게다가 노인이 되면 의료비가 많이 들어가는데 그걸 감당할 방법도 걱정거리가 되고 있단다."

"그나저나 우리가 노인이 됐을 때가 걱정이네요."

엄마가 아빠를 향해 걱정스러운 표정으로 말했습니다.

"엄마, 걱정 마세요. 누나랑 제가 있잖아요."

한준이가 아주 어른스러운 목소리로 엄마를 안심시켰습니다.

02
자유 무역 협정(FTA)
나라와 나라끼리 무역을 자유롭게

서연이와 한준이는 엄마 아빠와 함께 백화점에 갔습니다.

"어머나! 이 핸드백 지난번 해외여행 갔을 때 면세점에서 본 거랑 똑같은 거네. 그런데 관세가 붙으니까 이렇게 비싸지는구나."

"그러게. 그때 마음에 들면 살걸 그랬어."

핸드백에서 눈을 떼지 못하는 엄마에게 아빠가 말했습니다.

"아빠, 관세가 뭐예요?"

서연이가 아빠에게 물었습니다.

 교과 연계 | 6-1 사회 2. 우리나라의 경제 발전 (2) 우리나라의 경제 성장
| 6-1 사회 2. 우리나라의 경제 발전 (3) 세계 속의 우리나라 경제

"외국에서 수입된 물건에 물리는 세금을 관세라고 한단다. 관세는 국내 산업을 보호하려는 목적도 가지고 있지. 그러니까 수입 상품의 가격은 원래 물건값에 관세만큼의 돈이 더해진 거라고 생각하면 돼."

집으로 돌아오는 차 안에서 아빠가 라디오 뉴스를 틀었습니다. 뉴스에서는 우리나라 농민들이 중국과의 자유 무역 협정에 거세게 반대하며 고속도로를 가로막고 시위를 하고 있다는 이야기가 흘러나왔습니다.

"어린이 여러분, 자유 무역 협정이 뭘까요?"

엄마가 뒷자리에 앉은 서연이와 한준이를 돌아보며 말했습니다.

"아빠, 자유 무역 협정이 뭐예요?"

서연이와 한준이가 동시에 말했습니다.

"자유 무역 협정(FTA, Free Trade Agreement)이란 둘 이상의 나라가 서로 상품이나 서비스를 수입할 때 관세를 아예 없애거나 낮추고 수입 제한을 없애기로 약속하는 걸 말한단다. 경제적으로 처지가 비슷하거나 가까이 있는 나라끼리 서로에게 도움이 되면 자유 무역 협정을 맺게 되지."

"자유 무역 협정을 맺으면 뭐가 좋아요?"

한준이가 아빠에게 물었습니다.

"우선 관세 부담이 줄어드니까 상대방 나라에 수출을 더 많이 할 수 있어서 좋고, 관세가 낮아지는 만큼 수입 상품 가격이 싸지니까 소비자가 외국 제품을 이전보다 싼 가격으로 살 수 있어서 좋지. 그리고 자유 무역 협정을 맺으면 서로 친구 같은 나라, 즉 우방이 되는 효과도 얻을 수 있단다."

"농민들이 시위하는 걸 보면 자유 무역 협정을 맺는다고 해서 누구에게나 다 좋은 건 아닌가 보죠?"

서연이가 날카롭게 지적했습니다.

"그렇지. 무역을 자유롭게 해서 싼 물건이 많이 들어오면 피해를 보는 산업도 생기게 마련이란다. 농민들 입장에서는 외국에서 값싼 농산물이 많이 들어오면 어려움을 겪게 되거든."

"농산물은 수입을 안 하겠다고 하면 되잖아요."

한준이가 해법을 내놓았습니다.

"우리나라가 어떤 산업을 보호하려고 외국 상품의 수입을 막으면 다른 나라도 우리나라 상품의 수입을 막겠지? 모든 나라가 이렇게 경쟁적으로 관세를 높여서 수입을 막는다면 우리나라처럼 수출의 비중이 큰 나라가 더 많은 손해를 보게 된단다."

"우리나라는 어떤 나라들과 자유 무역 협정을 맺었는데요?"

서연이가 물었습니다.

"2004년 칠레를 시작으로 싱가포르, 아세안(동남아시아 국가 연합), 미국, 유럽 연합, 호주, 캐나다, 중국 등 여러 나라와 20여 건의 자유 무역 협정을 맺었단다."

"나중에 게임 회사를 만들어서 자유 무역 협정 맺은 나라에 엄청 많이 수출해야겠다!"

한준이가 다부진 표정으로 말했습니다.

03

IMF 경제 위기
외환 부족이 부른 국가적 위기

 서연이와 한준이는 엄마 아빠와 TV 뉴스를 보고 있었습니다. 연휴를 맞아 해외여행을 가려는 사람들로 인천 국제공항이 북새통을 이룬 장면이 나왔습니다. 아나운서가 말했습니다.

 -올해는 1997년 말 IMF 경제 위기 이후 가장 많은 사람들이 해외여행을 다녀올 것으로 보입니다.-

 "IMF 경제 위기를 겪은 일을 다 잊었나 보군. 우리 회사 직원이 해외 출장을 가야 하는데 비행기 표를 구할 수가 없어서 애를 먹었대

교과 연계 | 6-1 사회 2. 우리나라의 경제 발전 (1) 우리나라 경제 체제의 특징
| 6-1 사회 2. 우리나라의 경제 발전 (2) 우리나라의 경제 성장

요."

"아빠, IMF 경제 위기라는 말을 자주 들었는데 그게 뭐예요?"

서연이가 눈을 반짝이며 질문했습니다.

"IMF(International Monetary Fund)란 국제 금융 기구인 국제 통화 기금을 말하는 건데……."

"그러면 IMF 때문에 우리나라가 경제 위기를 겪은 건가요?"

"하하. 그런 게 아니란다. 나라 경제가 어려워지니까 할 수 없이 IMF에서 급하게 구제 금융을 빌려서 경제를 살리는 데 썼는데, 편의상 IMF 경제 위기라고 부르는 거란다."

"그런데 왜 경제 위기가 왔어요?"

서연이가 진지한 목소리로 물었습니다.

"우리나라는 1960년대 이후 짧은 기간에 놀라운 경제 발전을 이뤘는데 그 과정에서 외국 돈을 많이 빌려 썼단다. 그런데 기업들은 내실을 다지는 데 힘쓰기보다 회사 규모를 키우는 데 더 신경을 썼어."

"당시에 내로라하는 회사들은 누가 더 덩치가 큰지 서로 경쟁이라도 하는 것 같았어. 문어발처럼 회사를 확장하기도 했지."

엄마는 그때 일이 눈에 선하다는 듯이 말했습니다.

"맞아. 그러는 과정에서 빚이 눈덩이처럼 불어났고 결국 대기업이 줄줄이 쓰러졌지. 기업에 대출해 준 은행들도 돈을 못 받게 되니까 함께 어려워지면서 경제 위기가 시작됐단다. 그때가 1997년 말이었지."

"중소기업들도 덩달아 문을 닫고, 실업자들이 엄청나게 쏟아져 나왔었죠."

엄마는 그때 하루아침에 직장을 잃은 실업자들을 보는 게 너무 마음 아팠다고 했습니다.

"아빠, 그러면 기업들이 잘못해서 경제 위기가 온 거네요?"

"기업뿐만 아니라 은행, 정부 모두의 책임이지. 은행은 기업의 신용 상태와 사업 능력을 잘 따져 보고 대출을 해 주었어야 하는데 그러지 않았고, 정부는 시장 경제가 잘 돌아갈 수 있도록 감독했어야 하는데 그러지 못했어."

"우리 국민들의 책임도 없지 않았지. 경제 상황이 좀 나아졌다고 흥청망청하는 사회 분위기가 있었거든. 빚을 내서 해외여행을 간다는 사람들도 꽤 있었어."

엄마가 아빠의 동의를 구하듯 말했습니다.

"경제 위기가 닥치니 우리나라의 국가 신용 등급이 한꺼번에 곤두박질쳤고, 외국에서는 빌려 간 돈을 빨리 갚으라고 아우성이었지. 그러고 나니 우리나라는 외국에서 돈을 빌리기도 어려웠고, 혹 우리나라에 돈을 빌려주더라도 전보다 훨씬 높은 이자를 요구했단다. 그래서 외환 위기라고도 부르지."

"그런데 아빠, 지금은 우리나라가 IMF 경제 위기에서 완전히 벗어

낫지요?"

"그래. 정부와 국민들이 한마음으로 노력한 덕분에 경제 위기에서 벗어날 수 있었단다. IMF에 진 빚을 다 갚았고 국가 신용 등급도 많이 회복됐지. 하지만 우리 국민들이 지난번 경제 위기에서 얻은 교훈을 잊어버리면 또 위기가 닥칠 수도 있단다."

아빠가 눈을 지그시 감았습니다. 그때를 회상하는 듯했습니다.

"실은요, 아까 TV 보면서 이번 방학에 싱가포르 수연 누나 집에 가자고 조르려고 했거든요. 그런데 이제는 안 그럴 거예요."

한준이가 갑자기 어른이 된 것처럼 말했습니다.

구조 조정
산업이나 기업의 효율성을 높이는 일

"○○은행 직원들이 한꺼번에 천 명 가까이 명예퇴직을 한다는군요. 남의 일 같지가 않네요."

"그러게. 구조 조정을 해야 회사가 살 수 있다면 어쩔 수 없는 일이긴 하지만……."

"요즘 들어서 구조 조정이라는 말이 부쩍 많이 쓰이는 거 같아요. 기업 구조 조정, 산업 구조 조정, 대학 구조 조정……."

거실에서 TV 뉴스를 보던 아빠와 엄마가 심각한 표정으로 대화를

교과 연계 | 4-2 사회 2. 필요한 것의 생산과 교환 (1) 경제 활동과 현명한 선택
| 6-1 사회 2. 우리나라의 경제 발전 (2) 우리나라의 경제 성장

나눴습니다.

"아빠, 저도 구조 조정이란 말 많이 들었는데 그게 뭔지 궁금해요."

서연이가 질문을 하자 한준이도 얼른 다가와 앉았습니다.

"경제가 발전하면서 경쟁력이 떨어지는 산업이나 기업이 생기게 마련인데, 이런 산업과 기업이 망하면서 경쟁력 있는 산업을 중심으로 경제 구조가 바뀌는 걸 구조 조정이라고 하지. 산업이나 기업의 불합리한 구조를 개편하거나 조정하는 모습으로 이루어지기 때문에 구조 조정이라고 하는 거야. 구조 개혁이라고도 하고."

아빠가 주변을 두리번거리더니 좋은 예가 있다면서 거실에 놓인 금귤 나무 화분을 가리켰습니다. 서연이와 한준이가 아빠와 금귤 나무를 번갈아 쳐다봤습니다.

"작년에 저 금귤 나무의 큰 가지 하나가 자꾸 잎이 마르고 비실비실해서 약도 뿌리고 거름도 줬던 거 기억하지? 그런데도 병든 가지가 끝내 살아나지 않아서 아예 잘라 내 버렸잖아. 그랬더니 이젠 나무 전체가 튼튼해져서 열매가 주렁주렁 달렸구나."

"금귤 나무와 구조 조정이 무슨 상관이 있어요?"

한준이가 아빠에게 물었습니다.

"병든 가지가 되살아날 가능성이 전혀 없는데도 그냥 놔두었더라면, 병이 나무 전체로 번져서 결국은 금귤 나무가 죽고 말았을 거야. 그래서 병든 가지를 잘라 내 버린 거지. 아빠가 금귤 나무의 구조 조정을 한 거란다."

"헤헤, 금귤 나무야. 아빠가 너를 구조 조정 하신 거야."

한준이가 금귤 나무를 향해 말하며 웃었습니다.

"자, 여기서 금귤 나무는 국가 경제, 가지는 산업이나 기업이라고 생각해 보자꾸나. 산업이나 기업이라는 가지가 병이 든다면, 즉 더 이상 경쟁력이 없다면 국가 경제 전체에 나쁜 영향을 끼치게 되기 때문에 잘라 내지 않을 수 없는 거란다."

"아빠가 구조 조정을 하신 덕분에 올해는 금귤을 먹을 수 있게 됐네요. 지금 따 먹어도 되죠?"

한준이가 금귤을 따서 휴지로 쓱쓱 닦더니 입속에 날름 집어넣었습니다.

"기업은 기존의 사업이나 조직을 보다 효율적으로 만들기 위해서 성장 가능성이 적거나 중복되는 사업 분야를 줄이거나 없애기도 하는데, 이것을 기업 구조 조정이라고 하지. 기업에서 구조 조정을 하면 직장을 잃는 사람들이 생기게 마련이란다. 우리나라는 경제 위기가 닥친 1997년 이후에 본격적으로 구조 조정이 시작되었지."

"서연 아빠 회사는 괜찮은 거예요?"

아빠의 말에 엄마가 걱정스러운 눈빛으로 물었습니다.

"어? 우리 회사? 벌써 몇 차례 구조 조정을 했는걸. 이제 당분간은 없을 거야."

아빠가 엄마를 안심시키며 말했습니다.

"엄마 아빠, 힘내세요. 아자! 아자!"

한준이가 벌떡 일어나더니 오른팔을 치켜올리며 힘껏 외쳤습니다.

최저 임금
근로자 보호를 위한 임금의 최저 수준

어느 토요일 오후, 서연이와 한준이는 부모님을 따라 고모부가 운영하는 공장을 구경하러 갔습니다. 한준이는 사촌 형인 종민이와 종혁이에게 게임에 대해서 궁금한 것을 물어볼 수도 있어서 더욱 신이 났습니다.

고모부는 작은 제조 공장을 운영했습니다. 공장 안에는 동남아시아 사람으로 보이는 외국인 근로자들도 있었습니다. 한준이와 가족들은 고모부와 함께 사무실로 향했습니다. 사무실 TV에서 뉴스가 나오고

 교과 연계 | 5-1 사회 2. 인권 존중과 정의로운 사회 (3) 헌법과 인권 보장
| 6-1 사회 2. 우리나라의 경제 발전 (2) 우리나라의 경제 성장

있었습니다.

-고용 노동부는 내년 1월 1일부터 12월 31일까지 적용할 최저 임금 시급을 현재보다 2.5% 올린다고 확정, 고시하였습니다.-

"최저 임금이 해마다 오르니까 사업하는 데 어려움이 많으시겠어요. 인건비 부담이 적지 않지요?"

아빠가 걱정스레 고모부를 쳐다봤습니다.

"사업하는 우리도 물론 어렵지만, 저임금 근로자도 보호해야 하고 기업의 사정도 살펴야 하니까 정부도 최저 임금을 정하는 데 어려움이 많을 거야."

고모부가 말했습니다.

"최저 임금이라고요? 아빠, 세종 임금님 할 때의 그 임금은 아니겠죠?"

한준이가 자기가 생각해도 우스운지 말해 놓고 해죽 웃었습니다.

"노동의 대가로 받는 돈을 임금(賃金)이라고 하지. 그리고 최저 임금은 나라에서 근로자의 생활 안정을 위해서 최소한으로 필요한 임금을 정하고 그 이상으로 임금을 주도록 법으로 정해 놓은 걸 말하는 거란다. 임금이 낮은 근로자를 보호하기 위한 제도지."

아빠가 한준이의 질문을 기다렸다는 듯 설명했습니다.

"근로자가 몇 명 안 되는 조그만 사업장도 최저 임금을 지켜야 하나요?"

서연이가 물었습니다.

"그럼. 근로자를 한 명이라도 고용하면 최저 임금을 꼭 지켜야 한단다."

고모부가 알려 주었습니다.

"최저 임금은 누가 결정하나요? 대통령이 하나요?"

한준이가 고모부에게 질문했습니다.

"사용자 위원, 공익 위원, 근로자 위원 각각 아홉 명과 특별 위원 세 명 등으로 구성된 최저 임금 위원회라는 게 있어. 여기서 매년 인상안을 정하고 노사 단체의 의견을 들은 다음, 이를 정부에 제출하면 고용 노동부 장관이 결정하게 된단다."

"고모부, 공익 위원은 누구예요?"

서연이가 질문하자 한준이도 궁금하다는 표정으로 고모부를 바라봤습니다.

"공익 위원은 공공의 이익과 복지를 대표하는 사람이야. 노사 어느 쪽에도 속하지 않은 전문가들이 맡게 되지."

"최저 임금보다 낮은 임금을 주는 나쁜 사장님도 있을 것 같아요."

서연이가 걱정스럽게 말했습니다.

"그러게. 요즘 취업난 때문에 젊은이들이 아르바이트를 많이 하는데, 최저 임금도 안 주고 일을 시키는 나쁜 업주들도 있다더구나."

"정규직은 물론 임시직·일용직·시간제 근로자, 외국인 근로자 등도 당연히 최저 임금 적용 대상이야. 그래서 최저 임금을 지급하지 않거나 임금을 제대로 주지 않으면 징역이나 벌금형을 받도록 되어 있어."

엄마 아빠가 번갈아서 서연이와 한준이에게 자세히 설명해 주었습니다.

"고모부, 고모부는 최저 임금을 지키는 좋은 사장님이죠?"

한준이가 애교 어린 눈으로 고모부를 바라봤습니다.

06

국가 예산
한 해 동안의 나라 살림살이 계획

"국가 예산이 이제 7백조 원에 가까워지는군."

아빠가 TV 뉴스를 보다 혼잣말을 했습니다.

"일, 십, 백, 천, 만… 우아, 도대체 영이 몇 개야."

손가락으로 조 단위를 헤아려 보던 서연이가 눈을 동그랗게 뜨고 말했습니다.

"아빠, 국가 예산이 뭐예요?

"너희들, 엄마가 가계부 쓰는 거 본 적 있지?"

교과 연계 | 6-1 사회 2. 우리나라의 경제 발전 (1) 우리나라 경제 체제의 특징
| 6-1 사회 2. 우리나라의 경제 발전 (2) 우리나라의 경제 성장

"네, 아빠 월급을 한 달 동안 어디에 어떻게 쓸 것인지, 우리 집 살림살이 계획을 세우시는 거잖아요."

서연이가 똑 부러지게 대답했습니다.

"그래, 맞아. 그런 걸 예산을 짠다고 말하지. 개인이나 가정, 회사처럼 정부에서도 1년 동안 나라 살림에 필요한 수입과 지출에 대한 계획을 미리 짜 두는데, 이걸 국가 예산이라고 한단다."

"나라 살림은 국민이 내는 세금으로 하는 거죠?"

어느새 한준이가 옆에 와 앉더니 질문했습니다.

"주로 국민들이 내는 세금을 가지고 하지만 그 밖에도 정부가 기업을 운영하여 벌어들이는 수입, 정부가 갖고 있는 건물이나 토지 등을 팔거나 빌려주어 얻는 수입, 입장료·과태료·벌금 등의 수입으로 마련하는 거란다."

"수입은 한정돼 있는데 돈 쓸 곳은 많고……. 집안 살림살이 예산 하나 짜는 것도 머리가 아픈데, 국가 예산을 짜려면 신경 써야 할 일이 한둘이 아니겠어요."

뜨개질을 하던 엄마가 아빠를 보며 말했습니다.

"꼭 필요한 곳과 먼저 써야 할 곳을 찾아내고 잘 가려서 예산을 짜야 하니까 보통 힘든 일이 아닐 거야."

"예산이 많이 필요한 분야는 어떤 게 있어요?"

아빠의 말에 서연이가 물었습니다.

"사회 복지, 보건, 교육, 국방 분야란다. 또 도로나 댐 같은 사회 간접 자본을 건설하는 일에도 많은 예산이 들어가지. 정부에서 만든 예산은 국회의 심사를 받아서 확정된단다."

"국회에서는 어떤 일을 해요?"

한준이가 물었습니다.

"국민들이 투표로 뽑은 국회 의원들이 국민들을 대신해서 법률을 만들고 정부가 하는 일을 검토하는 등 중요한 일을 해. 정부가 예산을 만들면 국민의 대표인 국회 의원들이 예산이 잘 짜여 있는지 자세히 살피고 따져 보는데, 이런 걸 예산 심의를 한다고 하지. 그리고 국회는 정부가 예산을 사용한 내역도 검사한단다. 1년 동안 국민들의 세금이 알뜰하게 잘 사용됐는지를 살펴보는 거지."

"어? 그러면 엄마가 쓰는 가계부도 검사를 받아야 하잖아요?"

한준이가 불쑥 나섰습니다.

"우리 집안 살림은 엄마가 아빠랑 상의해서 알뜰하게 잘 꾸리고 있으니 걱정하지 마세요, 한준 씨."

엄마가 한준이를 향해 장난스럽게 웃었습니다.

07

국민연금
국가가 운영하는 연금 보험

저녁 식사 후 엄마와 아빠가 대화를 나눴습니다.

"서연 아빠, 오늘 낮에 동창 모임에 갔었는데 다들 연금 몇 개씩은 가입해 놓았더라고요."

"그래야겠지. 노후에 국민연금만으로는 아무래도 부족하니까."

그림을 그리는 서연이 옆에서 "옷은 노란색으로 해야지. 모자는 빨간색으로 해야 돼." 하면서 누나를 귀찮게 하던 한준이가 귀를 쫑긋 세웠습니다.

교과 연계 | 6-1 사회 1. 우리나라의 정치 발전 (3) 민주 정치의 원리와 국가 기관의 역할
| 6-1 사회 2. 우리나라의 경제 발전 (1) 우리나라 경제 체제의 특징

"노후에 금을 준다고요? 연금은 어떻게 생긴 금인데요? 누가 주는데요?"

"하하. 연금은 한준이가 생각하는 금이 아니란다. 연금은 정해진 금액을 매해 정기적으로 준다는 뜻인데, 일을 할 수 있을 때 돈을 냈다가 일을 할 수 없게 되었을 때 일정한 소득을 보장받는 보험을 가리키는 거야."

아빠가 미소를 지으며 한준이에게 설명했습니다. 그러자 서연이가 질문했습니다.

"국민연금은 국민이 가입하는 연금이라는 뜻이에요?"

"맞아. 연금은 국가에서 운영하는 것과 민간 보험 회사에서 운영하는 것 두 가지가 있는데, 국가에서 운영하는 걸 국민연금이라고 하는 거야."

"국가에서 보험도 운영한다고요?"

서연이가 이상하다는 듯 고개를 갸우뚱했습니다.

"먼 미래까지 생각해 보지 않았거나 능력이 안 돼서 어려울 때를 미리미리 준비하지 못하는 사람들이 많거든. 그래서 정부가 사람들이 돈을 벌 수 있을 때 조금씩 보험료를 내게 해서 이걸 모아 두었다가 나이가 들거나 갑자기 병이 나거나 다쳐서 돈을 벌 수 없게 됐을 때를 대비하도록 해 주는 거란다."

"저축하고 비슷한 것 같은데 뭐가 다른 거예요?"

서연이가 말했습니다.

"연금은 일정한 금액을 나누어 받는다는 점, 특히 미래에 생길 만약의 사고에 대비한다는 점에서 저축과는 구분이 된단다. 다시 말해서 저축은 돈을 모으기 위한 수단이고 보험은 위험에 대비하기 위한 수단이라고 할 수 있지."

"국민연금은 어떤 사람들이 가입하는 건가요?"

"만 18세 이상 60세 미만 모든 국민이 가입 대상인데, 연금을 받을 자격이 되면 그때부터 평생 동안 연금을 지급받게 돼. 그런데 출생 연도에 따라 연금을 받는 시기가 달라진단다. 고령화 추세 때문에 연금을 받는 시기를 늦추는 사람들도 늘고 있지."

"우리나라에만 이런 제도가 있는 거예요?"

"다른 선진국에서는 벌써 오래전부터 국민연금 제도를 시행해 오고 있어. 우리나라는 지난 1988년에 도입했단다."

"노인들이 점점 늘어나는 데다가 사회가 발전할수록 각종 사고의 위험도 높아질 수 있어서 꼭 필요한 제도이긴 한데……. 요즘 국민연금의 문제점을 지적하는 목소리가 많더라고요."

엄마도 이야기에 관심을 보이며 말했습니다.

"아빠, 저도 당장 내일 국민연금에 가입해야겠어요. 어떻게 하면 되죠?"

한준이가 불쑥 진지한 얼굴로 말했습니다.

"지금 질문하신 분! 아직 어린이 같은데 실례지만 몇 살이신가요?"
아빠가 실눈을 뜨고 일부러 엄숙한 목소리로 물었습니다.
"아 참, 만 열여덟 살이 되어야 한다고 했죠?"
한준이가 멋쩍은 듯 어깨를 으쓱했습니다.

외국인 투자
외국인도 우리나라에서 사업을 한다

"서연 아빠, 외국인 투자자들도 우리나라 대통령 선거에 관심이 무척 많은가 봐요. 참, 얘들아, 외국인 투자가 뭔지 아니?"

"아니요!"

서연이와 한준이가 힘차게 대답하며 엄마 아빠를 바라봤습니다.

"쉽게 말하자면 외국인이 우리나라에서 사업하는 걸 뜻하는 거야. 외국인이 우리나라에 와서 회사를 새로 만들거나, 회사를 사들이거나, 회사의 경영에 참여하는 걸 통틀어서 외국인 투자라고 하지."

교과 연계 | 6-1 사회 2. 우리나라의 경제 발전 (2) 우리나라의 경제 성장
| 6-1 사회 2. 우리나라의 경제 발전 (3) 세계 속의 우리나라 경제

"우리나라 사람이 벌 돈을 외국 사람들이 벌어 가면 우리가 손해잖아요. 우리나라에서 번 돈을 다 가져가 버릴 거 아니에요."

서연이가 외국인 투자에 대해 나름대로 비판적인 평가를 내놓았습니다.

"그건 그렇지 않아. 우리나라 회사가 외국 사람에게 팔렸다고 하자. 회사를 건물째로 배에 실어서 외국으로 가져갈까?"

"건물을 배에 실어서 가져간다고요? 말도 안 돼요!"

한준이가 킥킥 웃었습니다.

"맞아. 회사 건물은 그 자리에 있겠지. 그러니까 우리나라에 있는 회사를 외국인이 사더라도 회사의 주인만 바뀌는 것일 뿐 계속 우리나라 안에서 기업 활동을 하는 거야. 그럼 우리나라 사람들을 고용해서 월급을 주고 세금도 우리나라에 내겠지? 또 외국인이 우리나라에 새 회사를 세우면 새로운 일자리가 생겨나고 생산도 많이 늘어나게 돼서 우리 경제에 많은 도움이 돼."

"옛날에 우리나라가 경제 위기를 겪었을 때 많은 회사들이 문을 닫는 가운데서도 외국인이 투자한 회사들이 일자리를 만들고 생산을 늘리는 역할을 해 주었다면서요?"

엄마가 말했습니다.

"외국인 회사를 통해 선진국의 새로운 기술과 경영 방법을 배울 수도 있고, 또 국내 회사들이 외국인 회사에 뒤처지지 않으려고 노력해서 좋은 상품을 만들어 내게 하는 효과도 있어."

"그건 그런 것 같아요. 얼마 전에 우리 반에 공부 잘하는 해미라는 애가 전학을 왔는데요, 지고 싶지 않아 더 열심히 공부했어요."

서연이가 자랑스러운 표정을 지었습니다. 아빠가 웃으며 서연이의 머리를 쓰다듬었습니다.

"그리고 외국인 투자는 수출을 늘리고 수입을 줄이는 데도 도움이 돼."

"네? 수출, 수입하고도 관계가 있어요?"

서연이가 눈을 동그랗게 뜨며 물었습니다.

"외국인 회사가 해외에 있는 본사를 통해서 상품을 팔면 수출하는 것과 같은 효과가 있고, 또 우리가 외국에서 수입해 오던 상품을 외국인 회사가 국내에서 만들면 수입을 줄일 수 있게 되니까."

아빠가 계속해서 말했습니다.

"외국인 투자는 우리에게 필요한 달러를 아주 안정적으로 얻는 수단도 되어 준단다. 우리나라에 투자하려고 직접 달러를 들여오니까 외국에서 비싼 이자를 주고 달러를 빌려 오지 않아도 되고 또 원금을 갚을 걱정을 하지 않아도 되니 좋지."

"우리나라도 다른 나라에 투자를 해요?"

서연이가 물었습니다.

"물론 하고 있지. 그런데 우리나라 입장에서 볼 때 우리가 다른 나라에 투자하는 건 해외 직접 투자라고 말한단다."

"아빠, 우리나라에 게임 회사도 많이 들어왔으면 좋겠어요. 그러면 게임 타이틀 값도 싸지지 않을까요?"

아빠의 말에 무언가 한참 생각하던 한준이가 입을 열었습니다.

지식 재산권
창작물은 그것을 만든 사람의 재산

  K 리그 개막전 날, 서연이와 한준이의 가족들은 집에서 부산 ○○○ 팀과 서울 □□□ 팀의 경기 중계방송을 봤습니다. TV 화면 속 경기장에는 각 팀의 응원가인 〈부산 갈매기〉와 〈서울 서울 서울〉이 흘러나왔습니다.

"아빠, 경기장에서 노래를 내보내면 돈을 내야 한다면서요?"

중계방송이 끝나자마자 서연이가 질문했습니다.

"응, 프로 스포츠 경기처럼 돈을 벌 목적으로 하는 행사에서 사용할

교과 연계 | 3-1 사회 3. 교통과 통신 수단의 변화 (2) 통신 수단의 발달과 생활 모습의 변화
| 5-1 사회 2. 인권 존중과 정의로운 사회 (2) 법의 의미와 역할

때는 지식 재산권을 가진 사람에게 사용료를 내도록 되어 있지."

"지식 재산권이라고요?"

"사람의 생각이나 감정이 표현되어 있는 창작물, 즉 음반·도서·영상물·캐릭터·디자인·설계도·발명·과학적 발견 등을 재산으로 인정해 주는데, 지식 재산권이란 그걸 만든 사람의 소유권을 인정한다는 뜻이야. 지적 소유권이라고도 말하지."

"한준이가 좋아하는 게임 같은 소프트웨어도 창작물이야. 사람들의 창작물은 모두 지식 재산권의 대상이 되기 때문에 다른 사람의 창작물을 함부로 이용하면 처벌을 받게 된단다."

"참, 서연 아빠. 전에 우리나라 애국가도 지식 재산권 문제로 한창 말이 많았는데 어떻게 되었죠?"

"한때 '애국가는 지식 재산권을 인정받을 수 없다.', '애국가도 지식 재산권의 대상이다.' 하고 논란이 많았지만, 작곡자인 안익태 선생의 유족들이 애국가의 지식 재산권을 나라에 무상으로 양도해서 문제가 해결되었지."

엄마 아빠의 이야기에 서연이가 물었습니다.

"아빠, 옛날에 인기 가수들이 시위하는 걸 본 적이 있었는데 그것도 지식 재산권과 관계가 있었던 것 같아요. 그렇죠?"

"맞아. 어떤 회사가 음악을 무료로 다운로드해서 들을 수 있는 휴대폰을 만들었었거든. 그래서 지식 재산권을 침해하지 말라고 항의하는 거였지."

"얼마 전에 엄마 아빠랑 같이 영화관에 가서 영화를 봤잖아요. 그런데 우리 반 어떤 애는 자기 삼촌이 그 영화를 공짜로 다운로드해 줬다고 막 자랑하더라고요."

한준이가 말했습니다.

"그런 걸 불법 복제라고 하지. 사람들은 남의 재산을 훔치는 건 도둑질이라는 걸 잘 알면서도 지식 재산권을 침해하는 건 나쁜 일이라고 생각하지 않는 것 같아. 회사가 많은 돈을 들여서 영화를 만들었는데, 사람들이 마구 불법 복제를 한다면 그 회사는 문을 닫게 되겠지?"

"우리 반 어떤 애는 SNS에 자기가 좋아하는 연예인 사진을 올리는데 그건 괜찮은 건가요?"

서연이가 궁금하다는 표정으로 말했습니다.

"다른 사람이 찍은 연예인의 사진을 무단으로 사용한 경우 지식 재산권 침해가 될 수도 있지. 그리고 초상권 침해가 될 수도 있기 때문에 남의 사진을 함부로 올려서는 안 돼요."

"며칠 전 친구들한테 메신저로 제가 좋아하는 가수의 신곡 뮤직비디오 링크를 보냈거든요. 이것도 안 되는 거예요?"

순간 서연이가 걱정스럽게 굳은 표정으로 질문했습니다.

"누나는 큰일 났다, 큰일 났다. 경찰에 잡혀간대요."

옆에서 한준이가 짓궂게 놀려 댔습니다.

"뮤직비디오 링크를 공유하는 건 괜찮아. 소속사에서 홍보용으로 직접 올린 거니까 불법이 아니지."

긴장이 풀린 서연이가 한준이에게 꿀밤을 먹이는 시늉을 했습니다.

지구 온난화
온실가스를 줄여라

"서연 아빠, 내일 아침에 눈이 많이 온다니까 지하철 타고 가세요. 걸어서 건강에 좋고, 안전하고, 온실가스도 줄이고 두루두루 좋잖아요."

"그럴까? 하긴 대기 오염이 날로 심각해지고 있으니까 나도 앞으로 자가용 운행을 줄여야겠어. 너희들, 온실가스가 뭔지 알고 있니?"

"온실은 뭔지 알아요. 난방을 해서 식물을 따뜻하게 키우는 곳이잖아요."

 교과 연계 | 5-1 사회 1. 국토와 우리 생활 (2) 우리 국토의 자연환경
| 5-2 과학 2. 생물과 환경 (1) 생태계

한준이가 자신 있게 대답했습니다.

"그래, 차근차근 알아보기로 하자. 우리가 살고 있는 지구가 어떻게 일정한 온도를 유지할 수 있는지 아니?"

"공기 중에 있는 수증기와 이산화 탄소가 태양으로부터 오는 에너지를 흡수해서 다시 지구 밖으로 빠져나가는 걸 막기 때문이래요."

한준이가 또박또박 대답했습니다.

"어? 한준이가 그 어려운 걸 안다니?"

아빠가 깜짝 놀라 말했습니다. 그러자 한준이는 과학책을 읽고 알았다면서 등 뒤에 숨기고 있던 과학책을 앞으로 내놓았습니다.

"좋아. 그런데 그 이산화 탄소가 점차 늘어나서 적외선을 더 많이 흡수해 가두게 되면 지구의 온도가 점점 올라간단다. 다시 말해서 이산화 탄소가 온실의 유리창과 같은 역할을 하는 것이지. 그리고 이처럼 지구의 온도가 점점 높아지는 현상을 온실 효과 또는 지구 온난화라고 한단다."

"이산화 탄소는 사람에게 해로운 건가 보죠?"

"그렇지. 온실 효과를 내서 지구 온난화를 일으키는 대표적인 물질이니까. 이산화 탄소는 화석 연료인 석탄이나 석유가 탈 때 주로 많이 발생해. 이 밖에도 온실가스에는 메탄, 프레온 등이 있어."

"언제나 여름처럼 더우면 해수욕을 일 년 내내 할 수 있어서 좋겠다. 겨울에도 야외 수영장에 갈 수 있잖아요. 아니야, 겨울도 있어야 돼. 그래야 스케이트를 타지."

"한준아, 지구가 더워지는 건 무섭고 두려운 일이란다."

재미있는 상상을 펼치며 혼잣말을 하던 한준이에게 아빠가 말했습니다.

"왜요? 지구가 더워지면 어떻게 되는데요?"

"여러 가지 나쁜 영향이 나타날 수 있는데, 그중에서 가장 큰 문제는 물이 증발해서 부족해진다는 거야. 그리고 남극이나 북극의 빙하가 녹아 바다의 수면이 높아져서 육지가 바다에 잠기는 문제가 생길 수도 있어. 최근에 세계 곳곳에서 홍수나 가뭄, 태풍, 폭설 같은 기상 이변들이 많이 일어났잖아. 이것도 다 지구 온난화 때문이야."

"또 있어요. 세계적으로 자연 생태계에 변화가 일어나 모든 동식물이 영향을 받고, 결국에는 많은 생물종이 멸종할 가능성이 있대요."

엄마가 걱정스러운 표정으로 말했습니다.

"저는 지구 온난화가 그렇게 나쁜 건지 몰랐어요. 저도 이제부터 스파이더맨이나 아이언맨처럼 지구를 지키는 영웅이 될 거예요. 얍!"

한준이가 비장한 표정으로 외쳤습니다.

국가 경쟁력
한 나라의 총체적인 경제력

"김한준, 이제 게임 그만하고 숙제해야지!"

"엄마, 20분만 더요. 아니 5분만 더요, 네?"

"한준이는 커서 세금을 많이 내는 큰 회사를 세우겠다면서? 한국은행 총재도 되고 싶다면서? 그러려면 한준이가 경쟁력을 갖춘 사람이 되어야 해. 지금보다 공부를 훨씬 더 열심히 해야 할걸."

그러자 한준이가 얼른 컴퓨터를 끄고 일어섰습니다.

"참, 서연 아빠, 스위스 국제 경영 개발 대학원이 발표한 올해 국가

교과 연계 | 6-1 사회 2. 우리나라의 경제 발전 (2) 우리나라의 경제 성장
　　　　　 | 6-1 사회 2. 우리나라의 경제 발전 (3) 세계 속의 우리나라 경제

경쟁력 평가에서 우리나라의 국가 경쟁력이 하락한 걸로 나왔다면서요?"

"그러게 말이에요. 평가 대상 60여 개국 가운데 우리나라는 중간 정도인데, 경제 규모나 무역 규모 면에서 세계 10위 수준인 우리 경제력과는 동떨어진 결과가 나온 것 같아. 그렇지만 평가 기관이나 평가 요소에 따라서 순위가 달라질 수도 있으니까 순위에 너무 연연할 필요는 없어."

"그러면 국가 경쟁력은 나라의 경쟁력을 말하는 건가요? 국가 경쟁력 평가는 누가 해요? 유엔(국제 연합)에서 하나요?"

엄마 아빠의 대화를 듣고 있던 한준이가 물었습니다.

"국가 경쟁력은 한 나라가 다른 나라와 경쟁할 수 있는 능력, 즉 한 나라의 총체적인 경제력을 의미하는 거란다. 유엔에서 하는 게 아니라 국가 경쟁력을 전문적으로 평가하는 민간 기관들이 있어. 1년에 한 번씩 각국의 경쟁력을 평가해서 점수를 내고 국가별 순위를 매겨서 발표하곤 하지."

"시험을 치나요? 점수를 매기는 평가 기준은 뭐예요?"

"평가 기관에 따라서 기준이 약간씩 다르긴 하지만, 대체적으로 한 나라의 경제 상황 그리고 기업 경영 활동과 정부의 행정 효율, 과학 기술이나 교육 수준 등 사회의 밑바탕이 되는 기본 사항으로 크게 범주를 나눠. 그리고 각 부문마다 많은 평가 항목을 두고 있단다. 여러 평가 항목에 대해서 각각 점수를 매기고 평균값을 환산해서 평균 점수를 내는 거지."

"우리나라의 경쟁력 순위를 떨어뜨리는 요인은 도대체 뭐예요?"

엄마가 우리나라의 국가 경쟁력 순위가 떨어져 서운하다는 듯이 말했습니다.

"정부 효율성 부문과 기업 효율성 부문의 점수가 비교적 낮은데, 특히 그중에서도 경영 관행과 노동이 전체 점수를 떨어뜨리는 요인이 되곤 해요. 특히 노사 관계 부문은 대체로 꼴찌에 가까워서 전체 평균을 떨어뜨리는 데 크게 영향을 주고 있지. 노사가 협력해서 기업 발전을 이루어야 하는데 그렇지 못하다는 뜻이야."

"국가 경쟁력이 높은 나라는 어디에요?"

서연이가 아빠에게 물었습니다.

"주로 덴마크, 스위스, 싱가포르, 네덜란드, 스웨덴이 국가 경쟁력이 높은 나라로 평가받고 있어."

"아빠, 우리나라가 1등 하면 좋겠어요!"

한준이가 크게 외쳤습니다.

"아까도 얘기했듯이 순위에 너무 큰 의미를 둘 필요는 없단다. 하지만 우리의 경쟁국들보다 경쟁력이 낮은 것으로 평가되는 건 문제야. 그러니까 우리나라의 경쟁력을 약화시키는 게 무엇인지 알아내서 적극적으로 해결해 나가야겠지."

"저도 지난번엔 과학 점수 때문에 전체 평균 점수가 떨어졌는데 이번에는 꼭 백 점을 받아야겠어요."

서연이가 결심했다는 표정으로 말했습니다.

피부 물가와 지수 물가
장바구니가 가볍게 느껴지는 이유

토요일 오후, 서연이와 한준이네 가족이 함께 동네 전통 시장에 장을 보러 나왔습니다.

"엄마, 닭튀김 사 주세요. 네? 아, 새우튀김도 맛있겠다. 그렇지, 누나?"

한준이는 보이는 것마다 맛있겠다고 야단이었습니다. 아빠도 생선 가게 수조 속을 들여다보며 광어를 사자고 말했습니다.

"안 돼요. 요즘 생선이 얼마나 비싼데. 물가가 하루가 다르게 오르

교과 연계 | 4-2 사회 2. 필요한 것의 생산과 교환 (1) 경제 활동과 현명한 선택
| 6-1 사회 2. 우리나라의 경제 발전 (2) 우리나라의 경제 성장

는 것 같아요. 그래서 요즘 장 보기가 겁난다니까요."

"정부에서 발표하는 지수 물가를 보면 그렇게까지 오른 것 같진 않던데? 서연 엄마가 느끼는 장바구니 물가가 많이 올랐나 보네."

수조에서 눈을 떼지 못하던 아빠는 할 수 없이 걸음을 옮겼습니다.

"서연 아빠, 오늘 시장에 가 보니까 어때요? 정부에서 발표한 것보다 물가가 더 오른 거 같았죠? 주부들이 살림하기가 얼마나 어려운지 알려면 남자들도 장 보러 가 봐야 해요."

저녁 식사 후, 엄마가 일부러 뾰로통한 표정을 지으며 말했습니다.

"서연 엄마가 힘들게 살림살이하는 거 잘 알지. 그런데 지수 물가와 피부 물가 사이에는 차이가 있기 마련이야."

아빠가 멋쩍은 표정으로 말했습니다.

"피부 물가와 지수 물가가 뭐예요?"

한준이가 얼른 손을 들더니 외쳤습니다.

"정부가 시장의 물가를 조사해서 발표하는 물가를 지수 물가라고 하고, 소비자들이 직접 물건을 사면서 피부로 느끼는 물가를 피부 물가 또는 장바구니 물가라고 한단다."

경제 공부를 하고 싶어 하는 한준이가 아주 기특하다면서 아빠가 한준이의 등을 토닥였습니다.

"정부에서는 물가가 별로 안 올랐다고 하지만 시장에 가 보면 그게 아니거든요. 지수 물가가 시장 가격을 정확하게 반영하지 못하는 거 아닐까요?"

엄마가 고개를 갸우뚱하며 말했습니다.

"지수 물가는 여러 가지 물건과 서비스의 가격을 일정한 기준에 따라 종합한 평균적인 가격 수준을 나타내는 것이거든. 이에 비해서 피부 물가는 소득 수준이나 구입하는 상품이 각기 다른 소비자들이 물가에 대해서 느끼는 가격 수준이기 때문에 서로 차이가 날 수밖에 없지."

"일상생활에서 자주 사는 물건의 가격이 오르면 물가가 많이 올랐다고 느낄 수밖에 없잖아요."

엄마가 항의하듯 말했습니다.

"저 사실 엄마한테 고백할 게 있어요."

그때 옆에서 무언가를 생각하며 혼자 샐샐 웃던 한준이가 말했습니다.

"너, 뭘 또 깨뜨렸구나!"

"아니요. 그게 아니고요. 아까 시장에서 장바구니 물가가 올랐다고 하셨을 때, 장바구니의 값이 많이 오른 거라고 생각했었거든요. 물건이 귀해지면 값이 오른다고 하셨잖아요. 전 또 장바구니를 사려는 사람들이 갑자기 많아져서 장바구니가 귀해진 줄 알았다니까요. 헤헤."

13
외환 보유액
나라의 비상금

"우리나라 외환 보유액이 꽤 안정적인 수준을 유지하고 있다니 정말 다행이야. 4천억 달러를 넘어서서 세계 10위 안에 드는 수준이라니."

TV 뉴스를 보는 아빠의 얼굴이 모처럼 밝았습니다.

"그러게요. 외환이 부족해서 경제 위기를 겪었던 게 엊그제 같은데 말이에요. 말이 나온 김에 아이들한테도 외환 보유액에 대해 알려 주면 어떨까요? 얘들아, 우리 외환 보유액에 대해 공부하자!"

 교과 연계 | 6-1 사회 2. 우리나라의 경제 발전 (2) 우리나라의 경제 성장
| 6-1 사회 2. 우리나라의 경제 발전 (3) 세계 속의 우리나라 경제

엄마가 부르는 소리에 방에 있던 서연이와 한준이가 거실로 나왔습니다.

"외환 보유액이요? 그게 뭐예요?"

"외환 보유액이란 나라에서 가지고 있는 외국 돈을 뜻해. 외환 보유고라고도 하지. 가정에서도 갑자기 돈이 필요해질 때를 대비해서 비상금을 가지고 있잖아. 나라도 마찬가지야. 외국에 진 빚을 갑자기 갚아야 하거나 수출이 안 돼서 우리나라에 들어오는 외국 돈이 많이 줄어들거나 환율이 불안정할 때를 대비해서 정부가 준비해 두는 비상금 같은 거란다."

아빠가 천천히 설명해 주었습니다.

"어느 나라 돈이든 상관없이 외국 돈을 모아 놓으면 되는 건가요?"

어느새 열심히 필기를 하던 서연이가 질문했습니다.

"필요할 때는 언제든지 바로 외국에 지급할 수 있어야 하기 때문에 모든 나라가 인정하고 가장 널리 사용하는 외국 화폐여야 해. 그래서 주로 미국 돈인 달러가 쓰인단다."

"외환 보유액이 적으면 어떻게 되는데요?"

"외환 보유액이 충분하지 못하면 여러 가지 어려운 일이 생긴단다. 1997년에 우리나라가 외환 위기를 겪었다고 이야기했던 거 생각나니?"

"네! 사람들이 IMF 경제 위기라고도 말하는 사건 맞죠?"

아빠의 질문에 한준이가 얼른 대답했습니다.

"그래, 맞아. 그때도 바로 외환 보유액이 적은 게 문제였어. 지금은 4천억 달러가 넘지만 1997년 말 당시엔 39억 달러에 불과했거든."

"백분의 1도 안 되네요?"

서연이가 얼른 머릿속으로 계산을 해 보더니 말했습니다.

"그렇지. 외국의 채권자들은 빌려준 돈을 빨리 갚으라고 독촉을 해 대고, 우리가 새로 돈을 빌리려고 해도 잘 빌려주지 않았어. 달러가 없으면 기업들이 제품을 만들 원료를 수입할 수가 없으니 덩달아 수출도 어려워졌고. 외환 보유액 때문에 나라에 위기가 왔다고 해서 외환 위기라고 부르는 거야."

"그럼 외환 보유액은 많으면 많을수록 좋은 거예요?"

서연이가 물었습니다.

"외환이 많다고 다 좋은 건 아니야. 나라마다 그 특성과 상황에 따라 적정한 규모로 외환을 갖고 있는 게 좋은 거야."

"비상금은 많으면 많을수록 좋은 거 아닌가요?"

한준이가 이해가 안 된다는 듯 고개를 갸우뚱했습니다.

"적정한 규모를 넘어서면 가지고 있는 외환의 값이 크게 떨어질 경우 손실이 더 커지는 문제가 있고, 달러가 흔해지면 원화의 가치가 올라가서 우리의 수출 경쟁력이 약해지는 등 부작용도 꽤 있거든."

"엄마, 저도 적정한 규모의 비상금을 갖고 있어야 할 것 같아요."

한준이가 진지한 표정으로 말했습니다.

"뭐? 적정한 규모의 비상금?"

아빠와 엄마가 어이없다는 듯 마주 보며 웃었습니다.

노사 분규
화합해야 모두에게 이익

"지하철 노동조합이 내일부터 파업을 끝낸다는군. 다행이야. 참, 서연 엄마, 오늘 동창 모임에 지하철 타고 갔다면서? 고생 안 했어?"

"왜 아니래요. 지하철이 늦게 도착하는 바람에 사람들끼리 밀쳐서 넘어지고 약속 시간에 늦고 엉망이었죠. 노사 분규 때문에 애꿎은 시민들이 어려움을 겪네요."

엄마가 새삼 화가 난다는 듯 말했습니다.

"노사 분규가 뭐예요? 파업은요?"

교과 연계 | 4-2 사회 2. 필요한 것의 생산과 교환 (1) 경제 활동과 현명한 선택
| 6-1 사회 2. 우리나라의 경제 발전 (2) 우리나라의 경제 성장

한준이가 질문을 쏟아 냈습니다.

"먼저 노동조합에 대해서 다시 알아볼까? 전에 아빠가 설명해 줬었지?"

"근로자 한 사람 한 사람이 경영자와 대등한 관계를 유지하기가 어렵기 때문에 노동조합을 만들어서 단체로 월급이나 근로 시간, 작업 환경 같은 문제들에 대해서 회사 측과 협상을 할 수 있어요!"

서연이가 아주 똑 부러지게 대답했습니다.

"잘 기억하고 있구나. 그런데 회사와 근로자가 협상을 통해 문제를 원만히 해결하지 못하고 서로 다투는 걸 노사 분규라고 한단다. 파업이란……."

그러자 서연이가 어제 선생님에게 배웠다면서 얼른 공책을 펼치더니 필기한 내용을 읽어 내려갔습니다.

"파업은 노동조합에 속한 근로자들이 일정 기간 동안 집단으로 일을 하지 않는 것을 말한다. 노조는 파업 같은 집단행동을 할 수 있는 단체 행동권이라는 권리를 법적으로 보장받고 있다."

말을 마친 서연이가 오른쪽 손가락으로 브이(V) 자를 만들더니 한준이를 향해 자랑스럽게 흔들었습니다.

"그렇지만 월급 인상이나 작업 환경 개선 등 근로 조건과 관련된 문제에 대해서만 파업을 할 수 있도록 제한하고 있단다. 법을 위반하면서 자기 이익만 챙기려는 불법 파업은 회사와 근로자뿐 아니라 남에게까지 피해를 줄 수 있지."

아빠가 말했습니다.

"사용자도 큰 책임이 있어요. 근로자의 어려움을 이해하고 불만에 귀 기울이는 자세를 가져야 것 같아요."

엄마가 오늘 지하철 파업으로 고생한 일을 떠올리며 말했습니다.

"사실 노사 분규로 생산 활동이 중단되면 회사나 근로자들에게 이로울 게 없지. 노사 분규가 심해져서 회사가 문을 닫게 되면 근로자도 직장을 잃게 될 수 있단다. 어느 회사는 10년 동안 노사 분규가 한 번도 없었던 걸 축하하는 잔치를 열기도 했어. 노사 분규가 없어서 회사와 근로자 모두에게 이익이 됐다고 하더군."

엄마의 말에 아빠가 덧붙여 설명했습니다.

"제가 어른이 되면 노사 분규가 없는 회사를 만들 거예요. 잔치할 때 엄마 아빠도 꼭 오셔야 해요."

한준이는 꿈이 하나 더 생겼습니다.

리콜 제도
결함 있는 제품의 교환과 수리

"앗, 제 곰 인형을 만든 회사 장난감에서 납 성분이 나왔대요. 제 인형은 괜찮겠죠?"

TV 뉴스를 보던 서연이의 눈이 동그래졌습니다. 서연이 방 책상 위에는 서연이가 좋아하는 곰 인형이 놓여 있었습니다.

"다행히 곰 인형은 괜찮고 다른 장난감만 문제가 있어서 리콜을 한다는구나."

엄마가 서연이를 안심시켰습니다.

 교과 연계 l 4-2 사회 2. 필요한 것의 생산과 교환 (1) 경제 활동과 현명한 선택
　　　　　l 5-1 사회 2. 인권 존중과 정의로운 사회 (2) 법의 의미와 역할

"그런데 리콜이 뭐예요? '다시 부른다'는 뜻의 영어 단어 같은데요?"

서연이가 영어 실력을 뽐냈습니다.

"맞아. 리콜(Recall)은 그런 뜻을 가진 단어인데, 결함이 있는 제품을 만든 회사가 그 물건을 다시 거둬들여서 수리해 주거나 교환해 주는 걸 말한단다. 결함으로 인해서 피해가 생기는 걸 미리 막고, 제품을 산 소비자를 보호하기 위해 만든 제도야."

옆에서 듣고 있던 아빠가 설명했습니다.

"리콜은 회사가 스스로 하는 건가요?"

"회사가 자발적으로 리콜을 결정하는 경우도 있고, 정부가 강제로

리콜을 명령하기도 하지."

"전에는 소비자들이 문제를 제기해야만 움직였는데 요즘은 제조업체들 스스로 제품에 문제가 있을 시에 리콜을 해 주겠다고 광고를 하더라고요. 세상이 많이 좋아졌어요."

엄마가 말했습니다.

"리콜을 하게 되면 수리비도 들어가고 제품에 문제가 있다는 게 소문나잖아요. 그래서 회사에서는 숨기려고 할 것 같은데요."

서연이가 고개를 갸웃거렸습니다.

"물론 기업에 대해서 나쁜 인상을 줄 수 있다고 숨기는 회사도 있지만 요즘에는 자신들의 잘못을 먼저 인정하고 리콜에 나서는 회사들이 많아졌어. 오히려 소비자 보호와 품질 보증에 애쓰는 회사라는 좋은 인상을 소비자에게 심어 줄 수가 있거든."

"이번에 곰 인형 회사도 소비자 피해가 생기기 전에 자발적으로 리콜을 결정했다는군요. 그런데 자동차가 리콜을 제일 많이 하는 것 같지 않아요?"

엄마가 아빠에게 물었습니다.

"그래요. 우리나라의 리콜 제도는 자동차 리콜에서부터 시작되었지. 자동차 결함은 자칫하면 커다란 인명 사고로 이어질 수 있기 때문에 아주 작은 결함이라도 철저히 확인해야 해서 그럴 거야."

"아! 내 자전거 타이어 구멍 난 것도 리콜 해 달라고 하면 되겠다."

그때까지 조용히 듣고만 있던 한준이가 좋은 생각이 났다는 듯 말했습니다.

"하하! 한준아, 그건 네가 구멍 낸 거잖아? 사용하는 사람이 잘못해서 고장 난 건 자기 돈으로 고쳐야지."

"아차차, 그렇지. 제가 잠깐 착각했어요."

한준이가 발그레해진 얼굴로 머리를 긁적였습니다.

국가채무
나라 살림살이를 위해 정부가 지는 빚

"요즘 국가 채무가 계속 늘고 있다는데, 괜찮은 건가요?"

엄마가 아빠를 보며 걱정스럽게 말했습니다.

"국가 채무가 뭐예요?"

서연이의 질문에 한준이도 궁금하다는 듯이 아빠를 바라봤습니다.

"국가 채무는 정부가 나라 살림살이에 부족한 돈을 채우기 위해 국내외에서 빌려 쓴 돈, 다시 말해서 나라 빚을 말하는 거야."

"아빠, 나라도 빚을 진다니까 이상해요."

서연이가 고개를 갸우뚱하며 말했습니다.

 교과 연계 | 6-1 사회 2. 우리나라의 경제 발전 (2) 우리나라의 경제 성장

"돈 쓸 일이 늘면 사람들이 빚을 지는 경우가 생기듯이, 나라도 나라 살림살이에 필요한 돈이 많아져서 자금이 부족할 때는 돈을 빌리게 되는 거란다. 주로 국채 발행 등을 통해서 자금을 마련하게 되지."

"국채요?"

서연이와 한준이가 동시에 질문했습니다.

"정부가 나라 살림살이를 위해 마련하는 모든 수입을 세입이라고 해. 물론 가장 큰 수입원은 세금이지만 정부 세입이 부족할 때 이를 보충하기 위해서 나라에서 채권을 발행하는데 이걸 국채라고 해."

"채권이요?"

이번에도 서연이와 한준이가 한 목소리로 말했습니다.

"채권이란 정부나 기업이 많은 자금을 일시에 모으기 위해서 투자자에게 발행하는 건데, 일정 기간이 지난 후에 이자율을 얼마로 해서 원금을 갚겠다는 걸 약속하는 일종의 증서야."

"서연 아빠, 그러고 보니 아파트 등기할 때 샀던 국민 주택 채권도 국채였죠?"

"맞아. 집이 없는 사람들을 위해서 정부가 더 많은 주택을 공급할 수 있는 돈을 마련하려고 발행하는 국채지."

"1997년 외환 위기 이후에 국가 채무가 부쩍 늘어났다면서요? 물론 금융과 기업 구조 조정을 위한 공적 자금도 있어야 했고 경기를 살리려면 많은 돈이 필요했겠죠."

"우리나라는 사회 복지라든지 국방을 위해서 불가피하게 지출을 늘려야 하는 상황이야. 그런데도 세금은 그다지 늘지 않는 데다가 고령 사회가 되면서 앞으로도 쓰임새는 자꾸 늘어날 테니 걱정은 걱정이야."

"경제에 심각한 문제가 생기는 건 아닌지 모르겠네요."

"우리가 아파트 살 때 은행에서 대출받은 돈을 아직 다 갚지 못했지만, 이 아파트라는 재산이 있고 저축도 있고 또 갚을 능력이 있으니까 걱정을 안 하잖아. 그건 나라의 경우에도 마찬가지야. 그리고 우리 경제 규모에 비해서 걱정할 정도는 아닌 것 같아. 미국이나 일본, 영국 등 주요 선진국과 비교해도 높은 수준은 아니야."

아빠가 엄마를 안심시켰습니다.

"엄마 아빠, 제가 크면 회사를 세워서 돈을 많이 많이 벌고 세금도 많이 낼 거예요."

조용히 듣고 있던 한준이가 주먹을 불끈 쥐었습니다.

"저는 멋있는 옷을 많이 디자인하고 외국에 수출해서 세금을 많이 낼 거예요."

서연이도 지지 않고 말했습니다.

물류
상품을 생산지에서 소비자에게로

"서연 엄마 말대로 고속버스를 탈걸. 괜히 차를 가져왔나 봐."

어느 일요일, 서연이네 가족들은 용인에 있는 이모 댁으로 향했습니다. 그런데 고속 도로가 마치 주차장 같았습니다. 옆 차선에 서 있는 트럭 기사는 연신 손목시계를 들여다보며 안절부절못하는 모습이었습니다.

"우리야 놀러 가니까 괜찮지만, 시간에 맞춰 가야 하는 화물차 기사들은 상당히 초조하겠어요. 이러니 우리나라 물류비가 다른 나라보

 교과 연계 | 3-1 사회 3. 교통과 통신 수단의 변화 (1) 교통수단의 발달과 생활 모습의 변화
| 4-2 사회 2. 필요한 것의 생산과 교환 (1) 경제 활동과 현명한 선택

다 훨씬 더 비쌀 수밖에요."

엄마가 한숨을 쉬며 말했습니다.

"물류비가 뭔데요?"

서연이가 처음 듣는 단어에 관심을 보였습니다.

"물류는 물적 유통이라는 말을 줄인 거야. 보통 물류라고 많이 쓰는데, 생산지에서 만들어진 물건이 마지막으로 소비하는 사람의 손에 들어갈 때까지의 모든 과정을 말하는 거지. 물류비란 물류에 들어가는 비용을 말하는 거고."

서연이와 한준이가 아빠의 설명을 듣고 물류비에 대해 이해했다는 듯 고개를 끄덕였습니다.

"아, 저건 시멘트구나. 건물을 지을 때 없어서는 안 될 재료인 시멘트가 어떤 과정을 거쳐 건축 현장에까지 닿게 되는지 한번 알아볼까?"

아빠가 옆 차선의 트럭을 가리켰습니다. 시멘트를 가득 실은 트럭이었습니다.

"공장에서 시멘트가 만들어지면 우선 포장을 해야겠지. 그러고는 도착지별로 물건을 분류하고, 그다음엔 트럭이나 기차 등을 이용해서 목적지까지 실어 나르겠지. 목적지에 도착한 시멘트는 창고에 보관되거나 도매점에 운반되었다가 다시 건축 현장으로 배달이 되고. 이런 모든 단계가 바로 물류란다."

길이 막혀 지루해하던 아빠가 어느새 개운해진 얼굴로 말을 이어 갔습니다.

"그래서 물건값에는 물류비도 포함된단다. 물류비가 많이 들면 물건값도 덩달아 비싸지는 거지. 우리나라는 물류비가 다른 선진국이나 경쟁국에 비해서 많이 들어. 그러다 보니까 해외로 수출하는 상품의 가격이 높아져서 다른 나라 상품과의 경쟁에서도 불리해지는 거고."

"왜 우리나라에서는 물류비가 그렇게 많이 들어가는 건데요?"

서연이가 고개를 갸웃거렸습니다.

"물건을 운반할 때는 화물차, 기차, 배, 비행기 등을 이용하게 되는데, 우리나라에서는 주로 도로를 이용해서 운반하고 있단다. 그런데 자동차가 늘어나면서 막히는 도로가 많아졌어. 그래서 길에서 허비하는 시간이 늘어나니까 물류비도 늘어나는 거지."

"도로를 많이 만들면 되잖아요!"

그러자 한준이가 나섰습니다. 간단하게 해결될 일을 왜 그렇게 하지 않느냐는 표정이었습니다.

"도로를 만드는 데는 엄청난 돈이 들어가거든. 그리고 도로를 많이 만들더라도 자동차가 늘어나면 막히는 건 마찬가지야. 우리나라는 특히 승용차가 빠르게 늘어나는 편인데, 대중교통을 많이 이용해서 교통 흐름을 원활하게 하는 게 제일 좋은 방법이지."

"우리도 자가용을 타고 왔잖아요."
한준이가 불쑥 지적했습니다.
"그러게 말이다. 미안, 미안. 앞으론 꼭 필요한 때만 운전하기로!"
아빠가 겸연쩍은 듯 웃었습니다.

18
출산율
태어나는 아기들이 줄어든다

서연이와 한준이의 가족이 외식을 하러 나왔습니다. 그런데 부모님과 같이 식당에 온 아이들이 식탁 사이로 몰려다니며 우당탕탕! 쿵쾅쿵쾅! 드르륵! 소리치고 부딪히고 넘어지며 야단이었습니다.

"엄마, 우리가 어렸을 땐 저러지 않았죠?"

한준이가 의젓하게 자세를 고쳐 앉으며 말했습니다. 엄마가 미소 띤 얼굴로 한준이에게 고개를 끄덕였습니다.

"요즘은 애들이 워낙 귀하다 보니 야단치는 사람도 없네요. 그나저

교과 연계 | 3-2 사회 3. 가족의 형태와 역할 변화 (1) 가족의 구성과 역할 변화
| 4-2 사회 3. 사회 변화와 문화의 다양성 (1) 사회 변화로 나타난 일상생활의 모습

나 우리나라의 출산율이 계속 낮아진다니 걱정이에요."

엄마가 식탁 사이를 뛰어다니는 아이들을 보며 말했습니다.

"출산율이 낮아진다는 게 무슨 말이에요? 그런데 그게 왜 걱정거리가 되는 거죠?"

서연이가 고개를 갸웃거렸습니다.

"출산율이 낮아진다는 건 새로 태어나는 아기가 줄어든다는 얘기야. 그럼 젊은 사람도 줄어들고 노인들은 점점 늘어나잖아. 노인은 많아지는데 일해서 돈을 벌고 세금을 내며 저축을 하는 젊은 사람은 줄어드니까 걱정이라는 거지."

"엄마, 출산율은 왜 낮아지는 건데요?"

"결혼을 늦추거나 아예 결혼을 안 하는 사람들이 늘어나고 있기 때문이야. 아이들 교육에 적지 않은 돈이 들어간다는 점도 출산율을 낮추는 원인이 되고 있지. 그래서 아기를 한 명만 낳거나 아예 안 낳으려는 사람이 자꾸만 늘어난다는구나."

"옛날에 우리나라가 아주 가난할 때 인구 증가를 막기 위해 가족계획 운동이란 걸 펼쳤는데, 그때 한번 떨어지기 시작한 출산율이 좀처럼 돌아오지 않고 있지."

엄마의 말에 이어서 아빠가 말했습니다.

"가족계획 운동이라고요? 그런 운동은 처음 들어요."

한준이는 가족계획 운동이 축구나 야구 같은 운동이라고 생각한 듯

했습니다.

"하하. 여기서 말하는 운동은 사람이 몸을 단련하는 일이 아니라 어떤 목적을 이루려고 힘쓰는 활동을 의미해. 우리나라는 1962년부터 '딸·아들 구별 말고 둘만 낳아 잘 기르자'라는 표어까지 내걸면서 아기를 두 명만 낳자는 가족계획 운동을 시작했지. 그전에는 보통 한 집에 아이들을 대여섯 명 넘게 낳았거든. 아빠 형제도 다섯 명이잖아."

"어? 아빠, 잠깐만요! 그때 할머니 할아버지가 가족계획을 하셨더라면 아빠는 안 태어나셨을 거 아니에요. 그럼 우리는? 누나, 큰일 날 뻔했다. 그렇지?"

한준이가 서연이를 향해 눈을 크게 뜨고 정말 다행이라는 표정을 지었습니다.

"요즘에는 정부에서도 아기를 많이 낳을수록 혜택을 주는 방안을 적극적으로 추진하고 있어서 다행이에요. 적금에 든 사람이 아기를 낳으면 이자를 더 주는 은행도 생겼더라고요."

한준이의 말에 웃던 엄마가 아빠를 향해 말했습니다.

"아기를 낳으면 이자를 더 준다고요? 엄마, 제 동생 하나 낳아 주시면 안 될까요? 그러면 이자도 많이 받고, 저는 동생이 생겨서 좋고, 우리나라 경제에도 도움이 되니까 두루 좋잖아요."

한준이가 눈을 반짝이며 떼쓰듯 말했습니다. 엄마와 아빠는 서로 쳐다보며 어처구니없다는 듯 그냥 웃기만 했습니다.

19

도덕적 해이
상대가 모른다고 최선을 다하지 않는 것

예삐의류 공장을 운영하는 사장 김○○ 씨는 공장 곳곳에 소화기를 비치하는 등 불조심에 각별히 신경을 써 왔습니다. 하지만 화재 보험에 가입한 이후로는 불조심에 더 이상 돈과 노력을 들이지 않았습니다. 공장에 불이 나더라도 보험 회사가 보상해 줄 테니까 굳이 불조심할 필요가 없다고 생각했기 때문이었습니다.

마니은행은 경영 상태가 좋지 않다고 소문난 은행이었습니다. 그런데 이 은행은 다른 은행보다 이자가 더 높았기 때문에 예금하려는 사람들이 몰렸습니다. 은행은 이 돈으로 신용이 낮은 사람과 기업에 남보다 더 비싼 이자를 받고 마구 대출

 교과 연계 | 4-2 사회 2. 필요한 것의 생산과 교환 (1) 경제 활동과 현명한 선택

을 해 줬습니다. 은행 고객과 은행 모두 문제가 생기더라도 정부가 해결해 줄 거라고 기대했기 때문이었습니다.

"너희들, 혹시 도덕적 해이라는 말 들어 봤니?"

"아니요. 그렇지 않아도 무슨 말인지 궁금했었어요. 사람들이 나쁜 짓 하는 걸 말하는 건가요?"

서연이가 얼른 대답했습니다. 옆에 있던 한준이는 처음 들어 봤다고 말했습니다.

"이 두 가지 이야기는 바로 도덕적 해이에 관한 거야. 영어로 모럴 해저드(Moral Hazard)라고 하지. 정확히 얘기하면, '내가 하는 행동을 상대방이 잘 알지 못하는 상태에서, 내가 위험을 피하려는 노력을 하지 않으면 상대방이나 다른 사람들이 손해를 보게 됨에도 불구하고 최선의 노력을 다하지 않는 것'을 가리킨단다."

"도덕적 해이란 말이 원래 보험에서 나온 말이라면서요?"

"오, 서연 엄마! 맞아요. 보험 회사는 보험에 가입한 사람을 일일이

감시하면서 이래라저래라 할 수가 없잖아. 이처럼 가입자의 행동을 보험 회사가 알 수 없기 때문에 도덕적 해이가 발생하는 것이지. 그래서 부도덕하거나 비윤리적인 행동 또는 나쁜 짓하고는 다른 개념이야."

"그러니까 예삐의류 공장이 보험에 들었다고 불조심을 안 하는 게 바로 도덕적 해이가 되겠네요."

한준이가 이제 잘 알겠다는 표정으로 말했습니다.

"그렇지. 마니은행도 마찬가지야. 은행을 이용하는 사람들과 은행 모두 나중에 잘못되더라도 정부가 도와줄 거라 생각하고 해야 할 일에 최선을 다하지 않았으니까."

"우리나라가 겪은 IMF 경제 위기도 도덕적 해이가 큰 원인이었죠? 그때까지만 해도 덩치가 큰 기업은 절대 망하지 않는다는 잘못된 믿음이 있었잖아요."

엄마가 말했습니다.

"그랬었지. 대기업들은 자신들이 망하면 관련된 중소기업들이 쓰러지고 수많은 실업자가 생겨나니까 정부가 뒤를 봐줄 거라고 믿고 책임을 다하지 않았거든."

서연이와 한준이가 진지한 눈빛으로 고개를 끄덕였습니다.

"은행도 갚을 능력이 있는지 따져 보지도 않고 마구 대출을 해 줬지. 그러다 보니 덩치를 키우는 데만 열심이던 기업들은 결국 망했고,

돈을 못 받게 된 은행들도 덩달아 문을 닫은 거야."

"제가 저금한 은행은 괜찮겠지요?"

한준이는 은행들이 망했다는 말에 걱정스럽다는 표정으로 말했습니다.

공적 자금
은행을 정상화시키기 위해 지원된 돈

　저녁 뉴스를 전하는 TV 화면에는 공적 자금을 조사하는 문제 때문에 국회 의원들이 험악한 얼굴로 말싸움을 하는 장면이 나오고 있었습니다.
　"아빠, 공적 자금이 뭐기에 저렇게 다투는 거죠?"
　서연이가 알 수 없다는 표정을 지었습니다.
　"1997년 말 우리나라에 경제 위기가 닥쳤을 때부터 얘기가 시작되지. 그때 내로라하는 대기업들이 많이 쓰러졌는데, 그 대기업에 돈을

교과 연계 | 6-1 사회 2. 우리나라의 경제 발전 (1) 우리나라 경제 체제의 특징
　　　　　　 6-1 사회 2. 우리나라의 경제 발전 (2) 우리나라의 경제 성장

빌려준 은행들도 부실 채권이 늘어나니까 덩달아 쓰러질 위험에 처했어. 그러다 보니 다른 튼튼한 기업들조차 은행에서 돈을 빌릴 수가 없어서 줄줄이 문을 닫았단다."

"부실 채권은 또 뭐예요?"

서연이와 한준이는 낯설고 어려운 단어에 고개를 갸우뚱하며 물었습니다.

"은행이 대출을 해 주었지만 돌려받을 수 없게 된 돈을 부실 채권이라고 한단다. 이대로 나라가 망하는 게 아닌가 할 정도로 상황이 아주 심각했었지."

아빠의 말에 한준이가 침을 꼴깍 삼키며 긴장된 표정을 지었습니다. 아빠가 계속해서 말했습니다.

"문제는 이걸 그냥 두면 은행들은 문을 닫고, 기업들은 무너지고, 은행에 예금을 한 많은 국민들은 돈을 찾지 못하는 심각한 사태가 벌어질 수 있었다는 거야."

"그래서요?"

서연이와 한준이는 귀를 쫑긋 세웠습니다.

"당시 약 백조 원이나 되는 엄청난 규모의 은행 부실 채권을 처리하고 예금자들의 피해를 줄이려면 대단히 많은 돈이 필요했지. 그래서 은행이 제대로 기능을 할 수 있도록 정부가 은행에 돈을 지원했는데, 이 돈을 공적 자금이라고 한단다."

"그러면, 부실 기업주가 공적 자금을 불법으로 대출받고 갚지 않았다는 건 무슨 얘기예요?"

엄마까지 궁금하다는 듯이 묻자 아빠가 뽐내는 목소리로 설명했습니다.

"아, 그거? 공적 자금은 은행에 지원되는 것이지 기업이 직접 대출받는 게 아니에요. 기업주가 사업 실적이 좋은 것처럼 부풀리거나 편법으로 은행에서 대출을 받고는 망해서 은행이 부실 채권을 떠안게 된 경우가 많았기 때문에 그런 오해가 생긴 거 같아."

"그때 모든 은행을 다 지원해 준 건 아니었죠?"

"맞아요. 공적 자금을 지원해 주면 다시 살아날 가능성이 큰 은행만 지원해 주고 살아날 가능성이 없는 곳은 아예 문을 닫도록 했지. 즉 금융 구조 조정을 한 거야."

"성과는 어땠어요? 공적 자금에 대해서 비판도 많은 것 같던데요."

"부실 채권이 크게 줄고 은행들이 많이 정상화됐지. 만약 그때 공적 자금을 지원하지 않았더라면 국민들은 더 큰 피해를 입었을 거야. 그렇지만 엄청난 돈이 공적 자금으로 지원된 것에 비해 관리가 허술해서 국민의 세금만 낭비한다는 비판도 없지 않아."

"공적 자금으로 나간 돈을 잘 거두어들이는 게 숙제겠어요."

"맞아요. 국민들의 예금을 대신 지급한 것도 있어서 모두 다 거두어들이는 건 불가능하지만, 70% 이상이 회수되었다고 하더군. 회수에 최선을 다해야겠지만 그래도 안 되는 건 정부가 채워 넣어야 하니까 결국 우리 국민의 부담으로 돌아오는 거지."

"아빠, 우리가 어른이 되면 다시는 경제 위기가 오지 않게 할 거예요!"

엄마 아빠의 대화를 듣던 한준이가 기특한 다짐을 했습니다.

주택 연금(역모기지 론)
집을 담보로 받는 노후 생활비

"서연 아빠, 주택 연금이 있어서 노후 걱정은 덜 해도 되겠어요. 이제 자식들한테 집을 재산으로 물려주려는 생각은 버려야 해요."

"아, 역모기지 론? 우리도 나중에 그거 받읍시다."

엄마와 아빠가 집에 대한 이야기를 나누는 중이었습니다.

"모기? 모기가 뭘 어쨌다는 거지?"

역모기지 론이라는 단어만 얼핏 들은 한준이가 고개를 갸웃거렸습니다. 아빠는 한준이의 표정을 보고 한준이가 뭘 궁금해하는지 알아

교과 연계 | 3-2 사회 2. 시대마다 다른 삶의 모습 (1) 옛날과 오늘날의 생활 모습
| 4-2 사회 3. 사회 변화와 문화의 다양성 (1) 사회 변화로 나타난 일상 생활의 모습

챘습니다.

"아, 역모기지 론 말이지? 우리말로 주택 연금을 말하는 거야. 역모기지 론을 설명하기 전에 우선 모기지 론이라는 말부터 알아보자."

"모기지 론이요?"

"모기지 론(Mortgage Loan)은 영어로 주택 담보 대출이라는 뜻이야. 누군가가 집을 산다고 생각해 보자. 집을 사려면 목돈이 필요하겠지? 그런데 서민들은 그런 큰돈을 마련하기가 어렵거든. 그래서 돈 없는 사람들도 집을 보다 쉽게 살 수 있도록 금융 기관에서 모기지 론이란 걸 만들었지. 집을 담보로 해서 10년, 20년 등 장기로 새집 살 돈을 빌려주는 거야."

"아, 우리말이 아니고 영어로군요. 그런데 담보가 뭐예요?"

한준이가 큰 관심을 보였습니다.

"돈을 빌리는 쪽을 채무자라고 하고 돈을 빌려주는 쪽을 채권자라고 하는데, 채무자가 빌려 간 돈을 갚지 못할 때를 대비해서 채권자가 부동산 등의 재산을 증거물로 잡아 두는 걸 담보라고 하지."

"그러면 역모기지 론은 모기지 론과 뭐가 달라요?"

"역모기지 론은 고령자가 주택은 있으나 특별한 소득이 없을 때, 주택을 담보로 사망할 때까지 노후 생활 자금을 연금처럼 매달 나누어 지급받는 제도란다. 연금 형태로 나오니까 요즘은 주로 주택 연금이라고 부르지. 장기 주택 저당 대출이라고도 하고."

"그러니까 모기지 론은 집을 살 때 장기로 돈을 빌려주는 것, 역모기지 론은 있는 집을 담보로 해서 노인들에게 생활 자금을 빌려주는 것이라고 구분하면 되겠네요."

서연이가 야무지게 정리해서 말했습니다.

"그렇지. 역(逆)은 한자로 반대, 거꾸로라는 뜻인데, 모기지 론과는 돈의 흐름이 반대라는 점에서 역모기지 론이라고 하는 거야."

"그런데 역모기지 론을 이용하던 사람이 세상을 떠난 후에는 어떻게 되는 거죠?"

엄마가 궁금하다는 표정으로 말했습니다.

"주택 연금을 빌려준 금융 기관이 주택을 처분해서 그동안의 대출금과 이자를 정산한 후에 남는 돈이 있으면 유족에게 주는 방식이 있고, 유족들이 대출금과 이자를 갚은 후 주택을 돌려받는 방식이 있지."

"할머니께 역모기지 론에 대해 알려 드려야지."

한준이가 벌떡 일어나 스마트폰을 들고 오자 엄마가 할머니도 다 알고 계시다면서 한준이를 눌러 앉혔습니다.

"아빠, 엄마! 우리도 모기지 론 받아서 마당이 넓은 큰 집으로 이사해요!"

자리에 앉은 한준이가 잠깐 동안 골똘히 생각하더니 큰 소리로 말했습니다.

"갑자기 웬 이사?"

"강아지도 기르고 토끼도 기르게요! 아빠는 아파트라서 안 된다면서 우리 집에서는 강아지도 못 키우게 하시잖아요. 그러면 우린 강아지 언제 키워 봐요."

볼멘소리로 투정을 하는 한준이를 보고 서연이가 한준이 입이 꼭 오리를 닮았다고 놀려 댔습니다.

비정규직 근로자
일정 기간만 일하는 불안정한 고용 형태

일요일 오후, 서연이와 한준이는 아빠 엄마를 따라 친척 결혼식에 갔습니다.

"큰애가 군에서 제대했다면서요? 취직 준비로 바쁘겠네요."

"아직 직장을 못 잡아서 걱정이야. 비정규직 자리 말고는 정규직으로 취업하기가 무척 힘든가 봐."

엄마는 오랜만에 만난 친척 어른들과 이런저런 이야기를 나누었습니다.

 교과 연계 | 4-2 사회 2. 필요한 것의 생산과 교환 (1) 경제 활동과 현명한 선택
| 6-1 사회 2. 우리나라의 경제 발전 (1) 우리나라 경제 체제의 특징

서연이와 한준이는 집에 오자마자 아빠에게 비정규직이 무엇인지 물었습니다.

"한 직장에서 함께 일하는 근로자라 해도 정규직 근로자가 있고 그렇지 않은 사람이 있는데, 정규직이 아닌 사람을 비정규직 근로자라고 한단다."

"무슨 차이가 있어요?"

서연이와 한준이가 합창하듯 말했습니다.

"정규직 근로자는 특별한 일이 없으면 보통 정년이 될 때까지 일자리가 보장되지만, 비정규직 근로자는 계약한 대로 일정 기간 동안 일하고, 일한 만큼 돈을 받지. 약속된 기간이 끝나면 그 직장을 떠나야 하고."

"똑같은 일을 하는데도 임금 등 근로 조건이나 복지 혜택 등에서 크게 차별을 두는 건 옳지 않은 것 같아요."

이야기를 듣던 엄마가 말했습니다.

"그러면 아빠는요? 아빠는 정규직 맞죠?"

한준이가 불현듯 물었습니다. 아빠가 미소 지으며 고개를 끄덕이자 한준이가 마음이 놓인다는 표정을 지었습니다.

"비정규직 근로자의 유형으로는 일할 기간을 미리 정해 놓고 그 기간 동안만 일하는 한시적 근로자, 정규직에 비해서 주당 근로 시간이 짧은 시간제 근로자 그리고 파견 근로자 등이 있어."

"아빠, 요즘 비정규직 근로자가 많이 늘었다는 뉴스를 봤는데, 왜 그런 거예요?"

서연이가 물었습니다.

"우리나라는 경제 위기를 겪으면서 비정규직이 급격히 늘어났지. 기업들이 구조 조정을 하는 과정에서 고용과 해고가 쉽고 인건비가 덜 드는 비정규직 근로자들을 선호하게 되었거든."

"다른 나라들도 비정규직이 많아요?"

"비정규직이 늘어나는 건 세계적인 추세야. 사회가 정보화되고 서비스 산업이 발달하면서 기업의 고용 형태가 다양해지는 것도 한 원

인이고, 많은 나라들이 노동 시장의 유연성을 높이는 정책을 쓰기 때문이기도 하지."

"노동 시장의 유연성이요? 유연하다는 건 부드럽고 연하다는 뜻이죠?"

서연이가 한자 실력을 마음껏 뽐내며 말했습니다.

"서연이 한자 실력이 대단한걸. 노동 시장의 유연성이란, 기업의 사정에 따라서 근로자의 채용과 해고 등 인력 활용을 쉽게 할 수 있게 한다는 뜻이야. 해고만 쉬운 게 아니라 채용도 쉬워지는 거지. 그래서 비정규직 근로 형태가 자기 능력이나 적성에 맞는 새 직장을 찾는 데

도움이 된다는 측면도 있어. 이제는 '평생직장'이 아니라 '평생 직업' 시대니까."

"맞아요. 학교에서 선생님도 이제는 평생 직업 시대라고 하셨어요."

서연이가 고개를 끄덕이며 대답했습니다.

"그래, 하루가 다르게 기술이 발전하며 사회가 달라지고 있어서 평생 한 직장에 다닐 가능성이 점점 줄어들고 있거든. 그렇기 때문에 근로자가 자기 분야에서 실력을 갖추는 일이 무엇보다 중요해. 실력을 갖추려면 어떻게 해야 하지?"

"열심히 공부해야 해요!"

서연이와 한준이가 입을 모아 대답했습니다.

국가 신용 등급
한 나라의 신용 성적표

아빠가 저녁 식사 자리에서 아주 기분 좋은 얼굴로 엄마에게 맥주 한잔 하자고 말했습니다.

"왜요? 뭐 좋은 일 있어요?"

"무디스 사가 우리나라 국가 신용 등급을 한 단계 올렸다는군. 축하의 잔을 들어야지."

"국가 신용 등급이 올랐다는 말은 국가의 신용이 좋아졌다는 뜻인가요?"

 교과 연계 | 6-1 사회 2. 우리나라의 경제 발전 (2) 우리나라의 경제 성장
　　　　　| 6-1 사회 2. 우리나라의 경제 발전 (3) 세계 속의 우리나라 경제

서연이가 말했습니다.

"국가 신용 등급을 설명하기 전에 신용이 뭔지 한번 복습해 보자꾸나. 우리가 은행이나 지인에게 돈을 빌릴 때 이자는 몇 퍼센트로 하고 원금은 언제까지 갚겠다는 약속을 하는데, 이러한 약속을 잘 지키는 것을 '신용이 있다.' 또는 '신용이 좋다.'라고 말한다고 했지?"

"네!"

서연이와 한준이가 소리 높여 힘차게 대답했습니다.

"개인이나 기업뿐 아니라 나라에 대해서도 신용 상태를 따지게 되는데, 국가 신용 등급은 한 나라의 신용을 평가해서 매긴 신용 성적표 같은 거야. 외국에 진 빚의 규모, 재정 상태, 경제 성장률, 물가 등 그 나라의 현재 그리고 앞으로의 경제 상황과 안보 상태 같은 정치적인 면까지 종합적으로 평가해서 국가 신용 등급을 매기게 된단다."

"우리 성적은 선생님이 매기지만, 나라의 성적은 누가 매겨요? 유엔에서 하나?"

한준이가 고개를 갸우뚱하며 말했습니다.

"유엔? 아니. 전 세계 여러 나라의 신용 상태를 전문적으로 평가하는 국제적인 신용 평가 회사들이 따로 있단다. 많은 신용 평가 회사 중에서도 무디스, 피치, 스탠다드 앤드 푸어스(S&P)라는 회사를 세계 3대 신용 평가 회사라고 하지. 이 세 회사에서 매긴 국가 신용 등급은 국제적으로 커다란 영향력을 발휘하거든."

"우리나라의 신용 등급이 올라가면 어떤 좋은 점이 있나요?"

요즘 부쩍 탐구열이 높아진 서연이가 물었습니다.

"우선, 우리나라 정부나 기업이 해외에서 돈을 빌려 올 때 이자율이 낮아져서 부담이 줄어들게 되지. 그리고 외국인들이 우리나라를 투자할 만한 나라라고 생각하게 돼서 직접 투자를 늘리고 국내 주식도 많이 사들이게 된단다."

"예전 경제 위기 때는 신용 평가 회사들이 우리나라 신용 등급을 사정없이 몇 단계씩이나 떨어뜨렸는데 말이에요."

엄마가 지금 생각해도 화가 난다는 듯한 표정으로 말했습니다.

"맞아요. 그때 우리나라의 신용 등급이 떨어지니까 외국의 채권자들은 '은행이 진 빚에 대해 정부가 빚보증을 서라.', '빚을 빨리 갚아라.' 야단이 났었지. 그리고 이자를 대폭 올렸단다. 여기서 국가 신용 등급의 중요성을 알 수 있지."

아빠 역시 그때 생각에 화가 났는지 목소리가 조금 커졌습니다.

"아빠, 제가 어른이 되면 우리나라를 신용 등급이 세계 최고로 높은 나라로 만들 거예요. 그래서 다른 나라들이 함부로 하지 못하는 나라가 되게 할 거예요!"

한준이의 말에 기분이 좋아진 아빠가 맥주잔을 들고 환하게 웃었습니다.

세계 무역 기구(WTO)
국제 무역 규칙을 만들고 무역 분쟁을 해결하다

"아빠, 궁금한 게 있어요. 사람들이 거래를 하다가 다툼이 생기면 법원 같은 데서 누가 옳다 그르다 하고 판정을 해 주잖아요."

"그렇지. 그런데 왜?"

"나라끼리 거래를 하다가 다툼이 생기면 옳고 그른 걸 누가 가려 주나요?"

"아하, 우리 서연이가 국제 무역에서 분쟁이 생겼을 때 어떻게 해결하는지 궁금했구나."

 교과 연계 | 4-2 사회 2. 필요한 것의 생산과 교환 (1) 경제 활동과 현명한 선택
| 6-1 사회 2. 우리나라의 경제 발전 (3) 세계 속의 우리나라 경제

"네, 맞아요. 국제 무역 분쟁이요."

"국제 무역을 하려면 모든 나라가 인정하고 따를 수 있는 일정한 규칙이 있어야겠지. 그리고 무역과 관련해서 나라 사이에 다툼, 즉 무역 분쟁이 생겼을 때 어느 쪽이 옳고 그른지를 가리는 역할도 필요하겠지? 그런 일을 하는 국제 기구가 바로 세계 무역 기구(WTO, World Trade Organization)야."

"세계 무역 기구는 어떻게 생겨났어요?"

"세계 무역 기구가 생기기 전까지는 무역을 하는 나라끼리 문제를 논의하고 해결해 왔지. 이럴 경우 강대국의 입김이 더 셀 수밖에 없어서 힘이 약한 나라는 일방적으로 손해를 보는 경우가 많았어. 그래서 여러 나라가 의견을 모아 무역에 관한 공정한 규칙을 만들고 무역 분쟁도 함께 해결해 나갈 필요가 생겼지."

"힘이 센 아이를 힘없는 아이가 혼자 상대하기는 어렵지만, 학급 회의에서 규칙을 만들면 그 규칙을 따라야 하니까 힘이 세다고 함부로 할 수 없는 것과 같은 거네요."

서연이가 학급 이야기로 비유를 들어 말했습니다.

"맞아. 세계 무역 기구는 '회원국들이 가능한 한 무역을 자유롭게 할 수 있도록 한다.'라는 목표로 무역 자유화에 힘써 오고 있어. 그리고 이러한 일들은 모두 회원국들이 협상을 통해 결정한단다. 본부는 스위스의 제네바에 있지."

"우리나라도 세계 무역 기구에 가입했나요?"

어느새 옆에 와 듣던 한준이가 물었습니다.

"그럼. 세계 무역 기구는 1995년 1월 1일, 128개 회원국으로 출범했는데 우리나라도 그때 가입했어. 지금은 160여 개 국가가 회원국으로 가입해 있단다."

"세계 무역 기구에서 도하 개발 어젠다(DDA, Doha Development Agenda)라는 얘기가 자주 나오던데, 그게 뭔지 잘 모르겠어요. 자세히 설명 좀 해 줄래요?"

엄마가 과일 접시를 들고 거실로 나오며 말했습니다.

"세계 무역 기구에서 더 폭넓게 시장을 개방하는 방안을 찾기 위해서 협상을 진행 중인데, 그게 바로 도하 개발 어젠다예요. 카타르의 도하에서 채택되었고 개발 도상국들의 이익과 관심을 반영하고 개발 문제도 검토한다고 해서 개발이라는 말이 들어간 거야. 상품뿐 아니라 서비스, 지적 재산권 등까지 포괄해서 논의한다는 것이지. 그런데 농산물에 대한 수입국과 수출국의 대립, 공산품 시장 개방에 대한 선진국과 개발 도상국 간의 대립 등으로 인해서 협상에 무척 어려움을 겪는가 보더군."

아빠의 말에 엄마가 고개를 끄덕였습니다.

"우리나라는 수출을 많이 해서 이만큼 발전했다고 하셨죠? 저도 나중에 세계 무역 기구 협상 대표가 돼서 우리나라를 위해서 일하고 싶어요."

한준이의 관심 분야가 또 하나 늘었습니다.

기후 변화 협상
전 세계가 지구 온난화 방지에 나서다

"지구 온난화 영향으로 남극의 초대형 빙하가 예상보다 훨씬 빠르게 녹아내린다고 하네. 기후 변화 문제가 정말 심각한 것 같아."

뉴스를 보던 아빠가 엄마에게 말했습니다.

"그동안 기후 변화와 관련해서 교토 의정서, 파리 협정 등 협상도 많이 했잖아요."

시민 환경 단체의 후원 회원이기도 한 엄마는 특히 환경 문제에 관심이 많았습니다.

교과 연계 | 5-2 과학 2. 생물과 환경 (1) 생태계
| 6-2 사회 2. 통일 한국의 미래와 지구촌의 평화 (3) 지속 가능한 지구촌

"역시 서연 엄마는 환경 문제에 일가견이 있어. 애들아, 엄마랑 같이 기후 변화에 대해서 좀 알아볼까?"

엄마 아빠의 대화를 듣던 서연이와 한준이가 필기도구를 챙겨 들고 와 앉았습니다.

"전에 아빠가 지구가 더워지는 현상, 즉 지구 온난화에 대해서 설명해 준 거 기억하고 있지?"

"네. 지구가 더워지면 여러 가지 나쁜 영향이 나타날 수 있다고 하셨잖아요."

"맞아. 그래서 지구 온난화 문제를 해결하기 위해 전 세계가 유엔을 중심으로 많은 노력을 해 왔단다. 1980년대 들어 에너지의 과도한 사용으로 인한 기후 변화 때문에 세계 각지에서 자연재해가 자주 일어났거든. 그래서 1992년 6월에 브라질의 리우데자네이루에서 전 세계가 온실가스를 함께 줄여 나가자는 약속을 담은 국제 기후 변화 협약을 만들었어."

아빠가 차를 한 모금 마시고 목소리를 가다듬은 후 계속해서 말했습니다.

"그 후 다시 1997년 12월에 일본 교토에서 모임을 갖고 2000년 이후 선진국이 각 나라의 온실가스 감축 목표치를 규정하고 의무적으로 온실가스 배출량을 줄여 나가기로 했지. 이게 바로 교토 의정서야."

"그런데 교토 의정서가 이름만 그럴듯하고 실속은 없다는 비판이 많았잖아요?"

엄마가 의견을 냈습니다.

"맞아요. 교토 의정서가 채택되긴 했지만 대표적 온실가스인 이산화 탄소 배출량이 많은 중국과 인도를 비롯한 모든 개발 도상국들에는 감축 의무가 면제되었거든. 그래서 당시 미국이 이것을 문제 삼으면서 탈퇴하고 캐나다, 일본 등도 빠졌어. 세계 이산화 탄소 배출량의 대부분을 차지하는 국가들이 불참하며 교토 의정서는 유명무실해졌다는 비판을 받았지."

"여러 나라가 다시 모여 논의할 필요가 있었겠어요."

서연이가 말했습니다.

"맞아. 그래서 2015년 12월에는 프랑스 파리에 195개국의 기후 관련 장관들이 모여서 교토 의정서가 종료되는 2020년 이후 모든 나라에 적용될 새로운 기후 변화 협정을 채택했지. 그게 바로 파리 협정이란다."

"우리나라도 온실가스 배출량이 꽤 높은 편이라면서요?"

"슬프게도 맞아. 우리나라가 석탄이나 석유 같은 화석 연료를 많이 소비하는 산업 체계이기 때문에 온실가스가 많이 배출되지."

엄마의 말을 받아 아빠가 설명을 했습니다.

"게다가 요즘 큰 문제가 되고 있는 미세 먼지도 주로 자동차, 공장,

화력 발전소 등이 화석 연료를 태우면서 나오는 거라면서요."

엄마가 걱정스레 말했습니다.

"그러니까 화석 연료 사용을 줄이고 오염 물질을 적게 배출하는 대체 에너지원을 개발하는 것이 바로 온실가스를 줄이는 가장 효과적인 방법이지."

"제가 나중에 미세 먼지나 온실가스가 하나도 안 나오는 에너지원을 개발해서 세계 시장에 수출할 거예요."

한준이의 꿈이 하나 더 생겼습니다.

26

공유 경제
재화와 서비스를 함께 나눠 쓴다

 해외 출장을 마치고 돌아온 아빠가 엄마와 이야기를 나누는 중이었습니다.

 "원래 일정에 없던 일이 생겨서 갑자기 뉴욕에 가게 됐는데, 호텔을 못 잡아서 애를 먹었어. 그러다 공유 숙박 사이트에 들어가서 숙소를 찾아냈지. 공유 경제 덕을 본 셈이야."

 "공유 숙박 앱에서 예약했던 거예요?"

 아빠가 호텔을 찾지 못해 얼마나 당황했을지 눈에 선하다면서 엄마

교과 연계 | 4-2 사회 2. 필요한 것의 생산과 교환 (1) 경제 활동과 현명한 선택
　　　　　 | 4-2 사회 3. 사회 변화와 문화의 다양성 (1) 사회 변화로 나타난 일상 생활의 모습

가 웃었습니다.

"아빠, 공유 경제가 뭐예요?"

처음 듣는 말에 서연이가 물었습니다.

"공유 경제란 말 그대로 두 사람 이상이 하나의 물건을 공동으로 소유하는 경제라는 뜻이야. 물건, 즉 재화뿐 아니라 시간, 지식, 능력, 경험 등을 남과 나누어서 이익을 얻는 활동을 말하지. 우리가 일반적으로 알고 있는 경제는 개인 소유를 기본으로 하는데 공유 경제는 함께 소비하는 것을 의미한단다."

아빠가 자세히 설명해 주었습니다.

"사실 주차장에 세워 두는 시간이 더 많은 자동차를 공유하거나 비워 두는 방을 공유하는 건 소유자나 빌려 쓰는 사람 모두에게 경제적으로도 이익이죠. 앞으로 많이 활성화될 것 같아요. 좋은 점도 많은 만큼 보완해야 할 점도 많겠지만요."

엄마가 말했습니다.

"아빠, 공유 경제가 생겨난 이유가 궁금해요."

"공유 경제는 2008년에 처음으로 등장한 용어인데, 대량 생산과 대량 소비 사회로 치닫는 현실에 대한 반성에서 출발했다고 할 수 있어. 함께 쓰거나 돌려쓰면 물건을 덜 쓰고 덜 버리게 되어 환경 오염을 줄이고 자원도 절약된다는 것이지."

"그런데 내가 필요한 걸 어떻게 찾아내나요?"

"재화나 서비스의 소유주와 그것을 필요로 하는 사람 사이에서 둘을 연결해 주는 웹 사이트들이 있단다. 보통 중개 플랫폼이라고 말하지. 지금 아빠가 이야기한 공유 숙박을 비롯해서 차량 중개, 애견 돌봄 중개 등등 분야도 아주 다양하단다. 물론 함께 나누고 빌려주는 거래 행위는 늘 있어 왔지만 시간과 공간의 제약이 따랐지. 그러나 이제 인터넷과 소셜 네트워크 서비스(SNS)의 발달로 그러한 제약이 없어진 거야."

아빠가 설명했습니다.

"우리나라에서도 공유 경제를 많이 이용하나요?"

"우리나라는 아직 공유 경제에 대해서 잘 모르는 사람들이 많고 기존 사업자와 이해관계가 충돌하는 경우가 많아서 미국이나 유럽 쪽에 비해서 그다지 활발하지는 않은 편이야."

"엄마, 우리도 외국인들 상대로 숙박 공유 경제를 실천해 보면 어떨까요?"

아까부터 거실에 나와 조용히 듣고만 있던 한준이가 말했습니다.

"그러면 좋겠지만 우린 남는 방이 없어서 그럴 수가 없구나."

"누나 방을 비우고 누나가 제 방을 같이 쓰면 되잖아요?"

말이 끝나자 한준이는 서연이에게 꿀밤을 맞았습니다.

외국인 고용 허가제
외국인 근로자에게도 동등한 대우를

서연이와 한준이가 아빠 엄마와 TV 뉴스를 보고 있었습니다.

-한국 무역 협회가 국내 중소 수출 기업을 대상으로 한 '외국인 근로자 고용 관련 실태 조사'에 따르면, 응답 기업의 56.8%는 현재 인력 수급에 어려움을 겪는 것으로 나타났습니다. 비수도권 소재 기업은 60.1%로 더 높았습니다. 외국인 근로자를 채용한 중소기업의 57.7%가 제조·생산 인력 부족에 대한 어려움을 호소했습니다. 대부분의 중소기업은 내국인 근로자 구인의 어려움 때문에 외국인을 고

교과 연계 | 5-1 사회 2. 인권 존중과 정의로운 사회 (2) 법의 의미와 역할
| 6-1 사회 2. 우리나라의 경제 발전 (1) 우리나라 경제 체제의 특징

용한다고 답한 것으로 나타났습니다.-

"아빠, 우리나라에서 외국인들이 많이 일하나 봐요. 우리나라 사람들도 취직하기가 어렵다는데, 왜 외국 사람들을 쓰는 거죠?"

서연이가 고개를 갸우뚱하며 물었습니다.

"우리나라는 일이 힘들고 위험하면서 임금이 적은 곳에는 일할 사람이 항상 부족한 실정이야. 사람들이 그런 곳에서 일하는 걸 싫어하기 때문이지. 그래서 내국인 근로자를 구하지 못한 중소기업이 합법적으로 비전문 외국 인력을 고용할 수 있도록 2004년부터 외국인 고용 허가제를 시행했어."

서연이가 새로운 걸 알았다는 듯 고개를 크게 끄덕였습니다.

"다시 말해서 외국인 고용 허가제는 우리나라 사람으로 직원을 채우기 어려운 분야에서 외국인이 일할 수 있도록 하는 제도야. 그리고 외국인 근로자들도 우리 근로자와 다름없이 정당한 대우를 받을 수 있도록 하고 있어. 외국인 근로자를 고용한 사업장은 내국인 근로자와 똑같이 건강 보험, 고용 보험, 산재 보험, 국민연금 등 4대 사회 보험에 의무적으로 가입해야 해."

"외국인 근로자들이 내국인의 일자리를 빼앗고 있다고 비난하는 사람들도 꽤 있더라고요. 우리 사회에는 외국인에 대한 반감 같은 게 아직도 많은 것 같아요. 얼마 전에 갔던 동창회에서도 그런 생각을 하는 사람들이 꽤 있었어요."

엄마가 말했습니다.

"현재 우리나라에는 외국인 근로자 92만여 명이 합법적으로 취업해서 일하고 있는데, 우리나라 내·외국인 전체 취업자의 3% 수준이라고 하더군."

"3%밖에 안 된다고요? 생각보다 적은 숫자네요."

"외국인 근로자들은 주로 제조·도소매·음식·숙박·건설·농림어업 분야에서 일하고 있어. 그런데 이런 분야가 평소 내국인이 취업하고 싶어 하거나 적극적으로 지원하는 곳은 아니잖아."

"우리나라 사람들이 별로 가고 싶어 하지 않는 곳에서 일한다면, 외국인들이 일자리를 빼앗는 게 아니잖아요. 오히려 고마워해야 할 것 같은데요."

서연이가 아주 어른스러운 말투로 말했습니다.

"우리나라도 사람들이 외국에 나가서 힘들게 일하던 어려운 시절이 있었잖아요. 그러니 우리나라에 있는 외국인 노동자의 처지를 이해하고 감싸 줘야지요."

엄마는 예전 우리나라가 아주 가난했던 시절, 대학 졸업자들이 독일에 광부나 간호사로 일하러 갔었다고 말했습니다.

"우리 사회가 이미 다민족 사회에 접어들었는데 한국에 와 있는 외국인들도 한국 사회를 함께 구성하는 공동체의 일원이라는 인식이 필요해요."

"우리 반에도 아빠가 외국인인 아이가 있는데요, 다른 아이들이 놀리면 제가 그러지 말라고 타일러 줘요."

한준이가 어깨를 으쓱하며 말하자 엄마는 웃으며 한준이의 어깨를 토닥였습니다.

시장 개방
우리 시장에서 외국 기업이 상품을 판다

"농산물이나 공산품뿐 아니라 서비스 부문까지 이제 시장 개방은 피할 수 없는 대세가 되고 있는 것 같아."

아빠가 TV 뉴스를 보며 말했습니다. TV에는 '의료 시장 개방 반대'라고 쓴 피켓을 든 사람들의 시위가 한창이었습니다.

"아빠, 시장 개방이 무슨 뜻이에요?"

함께 TV를 보던 서연이가 물었습니다.

"시장 개방은 그동안 규제했던 것을 풀고 시장을 열어 자유롭게 거

 교과 연계 | 6-1 사회 2. 우리나라의 경제 발전 (2) 우리나라의 경제 성장
| 6-1 사회 2. 우리나라의 경제 발전 (3) 세계 속의 우리나라 경제

래할 수 있게 한다는 뜻인데, 외국인이나 외국 기업이 우리나라 시장에서 물건과 서비스를 팔거나 기업 활동을 할 수 있도록 허락하는 것을 말한단다."

"남대문 시장 같은 데서요?"

"아니, 여기서 말하는 시장은 그런 좁은 뜻이 아니야. 물건이나 서비스의 거래가 이루어지는 곳은 어디나 다 시장이라고 했었지? 주식 거래가 이루어지면 주식 시장, 농산물을 거래하면 농산물 시장, 서비스를 사고팔면 서비스 시장이라고 할 수 있어."

"서비스 시장이요?"

"예를 들어 학교·병원·은행·방송국·변호사 사무실 등은 서비스업을 하는 곳이라고 전에 아빠가 설명해 줬던 거 기억하지? 이런 서비스가 거래되는 시장을 서비스 시장이라고 한단다."

"시장 개방은 왜 하는 건데요?"

"무역을 자유롭게 할 수 있게 하려는 거지. 다른 나라보다 상대적으로 더 싸고 더 잘 만드는 상품은 수출하고, 자기 나라에서 생산이 안 되거나 다른 나라보다 생산비가 더 드는 상품은 수입하면 서로 이익이 되니까."

"시장 개방에 반대한다면서 시위하는 사람들도 많은가 봐요."

서연이가 TV 화면을 보며 말했습니다.

"시장을 개방하면 피해를 보는 산업이 생길 수도 있으니까 그렇단다. 하지만 우리 시장은 닫아 놓은 채로 남의 나라 시장만 열라고 할 수는 없지 않겠니? 만약에 모든 나라가 다 시장의 문을 꼭꼭 닫아 버린다면 우리나라처럼 수출의 비중이 큰 나라가 더 많은 피해를 보게 된단다."

"우리나라가 외제 차 수입을 막던 때가 엊그제 같은데, 이젠 거리에 나가 보면 외제 차가 넘쳐 나더라고요."

엄마가 옛날에는 외국 담배를 피우는 사람을 잡아가기도 했다면서 웃었습니다.

"그때 우리나라의 자동차 산업은 선진국에 비해서 모든 면에서 경쟁이 안 되었어. 그래서 외제 차가 들어오면 우리나라 자동차 회사가 문을 닫게 되니까 수입을 못 하게 했던 거지. 그 당시는 그런 게 어느

정도 통했지만, 요즘은 무역 보복을 당하니까 그럴 수가 없어요."

"교육 시장 개방은 뭐예요?"

"우리 서연이가 교육에 관심이 많은가 보다. 더 정확하게는 교육 서비스 시장 개방이라고 하는데, 외국의 교육 기관이 우리나라에 들어와서 우리 학생들의 교육을 담당하는 것을 허락한다는 뜻이야. 그리고 우리나라만 시장을 여는 게 아니고, 우리도 다른 나라에 학교를 세울 수 있게 되는 거란다."

서연이가 교육에 관심을 보이자 아빠가 놀란 얼굴로 말했습니다.

"우리 학교를 미국에서 제일 큰 놀이동산 옆으로 옮겼으면 좋겠다. 그렇지, 누나?"

한준이는 그렇게 말해 놓고 저도 우스운지 배시시 웃었습니다.

예금 부분 보호 제도
은행이 문을 닫으면 내 예금은?

"○○은행 문제가 하루빨리 가닥을 잡아야 할 텐데……."

아빠가 TV 뉴스를 보며 말했습니다. 서연이와 한준이가 고개를 쑥 빼고 TV 화면을 들여다봤습니다. 한 무리의 사람들이 '은행 매각 반대'라고 쓴 피켓을 들고 시위하는 영상이었습니다.

"매각은 판다는 뜻이죠? 은행이 팔리면 거기 저금해 둔 우리 돈은 어떻게 되는 거죠?"

서연이가 걱정된다는 듯 질문했습니다.

 교과 연계 | 5-1 사회 2. 인권 존중과 정의로운 사회 (2) 법의 의미와 역할
| 6-1 사회 1. 우리나라의 정치 발전 (3) 민주 정치의 원리와 국가 기관의 역할

"은행이 다른 금융 회사에 팔리더라도 그 은행을 사들인 회사가 자산과 부채를 모두 인수하게 되니까 우리 예금은 아무 문제 없지. 그러니까 걱정하지 않아도 돼."

"아빠, 은행이 문을 닫을 수 있다고 생각해 본 적 없는데 은행도 사고팔 수 있다니 신기해요."

서연이가 말했습니다.

"경제 위기 이후에는 은행이 문을 닫는 일이 하나도 신기한 일이 아닌 게 됐어. 많은 은행과 금융 회사가 문을 닫고 사라졌거든."

"그런데 다른 회사가 은행을 사지 않을 수도 있는 거잖아요. 만약에 은행이 망해서 문을 닫아 버리면 우리가 저금한 돈은 어떻게 되는 거죠?"

한준이가 잔뜩 긴장된 목소리로 질문했습니다.

"어, 그거? 예금 부분 보호 제도에 대해서 잘 알고 있으면 손해를 보지 않지."

아빠는 짐짓 뜸을 들였습니다.

"무슨 제도라고요? 아빠, 빨리 설명해 주세요. 우리도 은행에 저금을 하고 있잖아요. 그게 어떤 제도인지 알아야 우리도 조치를 취하죠."

"뭐? 조치를 취한다고? 하하!"

이제 초등학교 4학년인 한준이가 어른스럽게 말하며 아빠와 엄마를 놀라게 했습니다.

"우리나라에는 은행 같은 금융 회사가 문을 닫는 등의 이유로 고객의 예금을 내줄 수 없게 되었을 때 원금과 이자를 합쳐서 1인당 5천만 원까지는 보호해 주는 제도가 있단다. 예금 부분 보호 제도라고 하지. 맡긴 돈을 다 주는 것이 아니기 때문에 부분 보호라고 하는 거야. 그래서 이걸 5천만 원보다 더 올려야 된다는 의견도 있지."

"왜요? 예금한 돈을 왜 전부 주지 않는 거죠?"

한준이가 불만스럽게 따지듯 물었습니다.

"만약 예금을 전액 보장해 준다면 예금자들은 금융 회사가 얼마나 믿을 만한지를 살피기보다는 이자를 많이 주는 곳만을 찾아다니게 될 거야. 그리고 금융 회사들은 이를 이용해서 당장 눈앞의 이익만을 찾는 불건전한 경영을 해서 부실해질 가능성이 높아지겠지. 신용이 낮은 사람들한테 높은 이자를 받고 돈을 마구 빌려주다가 그 돈을 돌려받지 못해 자신들이 어려워져도 예금 보험 공사 같은 공공 기관이 예금자들의 돈을 보상해 줄 거라고 생각할 테니까."

"그러면 모든 금융 회사나 모든 금융 상품이 다 보호를 받나요? 저축 은행에 지난번 적금 탄 거 넣어 놨는데……."

엄마가 많이 불안한 표정으로 말끝을 흐렸습니다.

"현재 은행, 보험 회사, 종합 금융 회사, 상호 저축 은행, 투자 매매업자, 투자 중개업자 등이 예금 보험 공사의 보호 대상이야. 그러나 모든 금융 상품이 보호를 받는 건 아니고 대체적으로 예금의 성격이 있는 상품을 보호한다고 알고 있으면 될 것 같아. 새마을 금고 그리고 농협과 수협의 단위 조합 등은 자체적으로 보호하고 있어."

"이런 제도가 있는지 몰라서 괜히 걱정을 했네요. 헤헤."

한준이가 한시름 놓았다는 투로 말했습니다.

4차 산업 혁명
지능 정보 통신 기술이 불러오는 혁신적 변화

    큰아빠의 생신날, 친척들이 모여 점심 식사를 했습니다. 서연이와 한준이는 사촌들을 모두 만나서 너무나 신이 났습니다.

    "오, 앞으로 우리 4차 산업 혁명을 이끌어 갈 믿음직한 2세들이 다 모였구나."

    큰아빠가 한쪽 테이블에 모여 앉아 있는 서연이와 한준이 그리고 사촌들을 둘러보고 한 명 한 명 차례로 눈을 맞추면서 미소를 지었습니다.

 교과 연계 | 3-1 사회 3. 교통과 통신 수단의 변화 (2) 통신 수단의 발달과 생활 모습의 변화
| 6-1 사회 2. 우리나라의 경제 발전 (2) 우리나라의 경제 성장

"4차 산업 혁명이 뭐예요? 1차, 2차, 3차 산업 혁명은 배워서 아는데, 이 말은 처음 들어요."

중학생인 치선이가 큰아빠에게 물었습니다.

"응, 우선 산업 혁명은 기술 혁신으로 인해서 사회·경제 구조에 큰 변화가 일어나는 것을 가리키는 말이야. 그러니까 4차 산업 혁명이란 네 번째 일어난 산업 혁명이란 뜻이지. 인공 지능과 사물 인터넷, 빅 데이터 그리고 모바일 등 지능 정보 통신 기술이 기존의 경제와 산업, 사회 전반에 융합돼서 혁신적인 변화가 만들어지는 차세대 산업 혁명을 말한단다. 하하. 너무 어려운 얘기를 했나?"

말을 마친 큰아빠가 서연이와 한준이 그리고 사촌들을 둘러보았습니다. 고등학생인 수연이를 빼고는 모두 어려워하는 눈치였고, 특히 서연이와 한준이는 도무지 무슨 말인지 모르겠다는 듯한 표정을 지었습니다.

"서연아, 한준아. 초등학생인 너희들에겐 너무 어려운 내용이지? 그래도 이제 곧 다가올 미래니까 미리 알아 두면 좋겠구나."

먼저 식사를 마친 아빠가 서연이와 한준이에게 궁금한 게 있으면 질문하라고 말했습니다.

"1차, 2차, 3차 산업 혁명이 뭐예요?"

서연이가 용기를 내어 질문했습니다.

"아는 사람도 있겠지만, 이미 배웠더라도 다시 한번 복습하는 의미

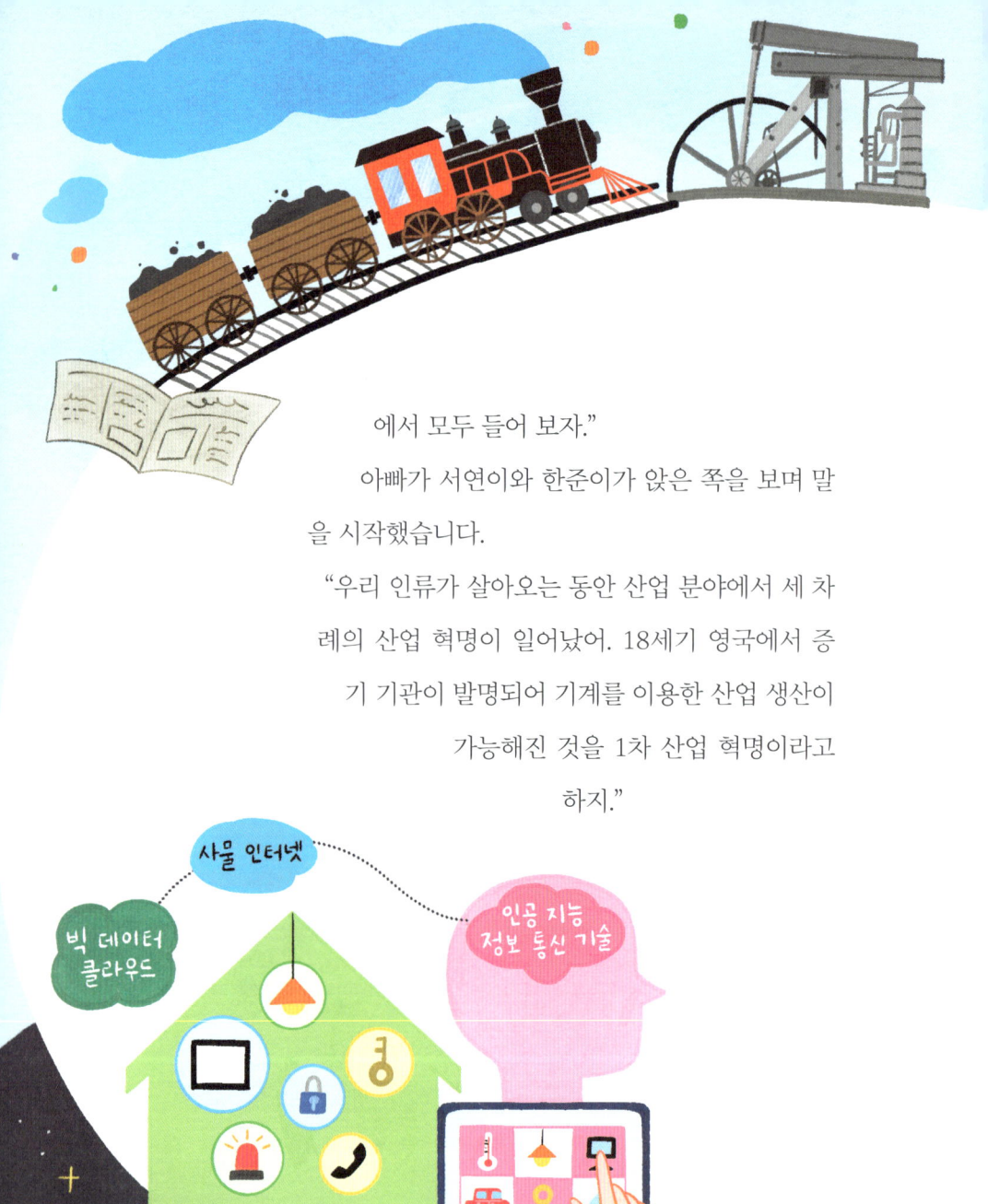

에서 모두 들어 보자."

아빠가 서연이와 한준이가 앉은 쪽을 보며 말을 시작했습니다.

"우리 인류가 살아오는 동안 산업 분야에서 세 차례의 산업 혁명이 일어났어. 18세기 영국에서 증기 기관이 발명되어 기계를 이용한 산업 생산이 가능해진 것을 1차 산업 혁명이라고 하지."

"증기 기관차도 이때 처음 발명되었지요?"

중학생 채원이가 말했습니다.

"맞아. 그리고 2차 산업 혁명은 19세기 말 산업의 중심이 소규모 소비재 산업인 경공업에서 대량 생산 체제 산업인 중화학 공업으로 바뀐 것을 가리킨단다. 미국과 독일이 그 변화를 이끌었지."

"2차 산업 혁명 시기에 전기가 발명되고 전화와 라디오도 발명되었지요? 이 시기에 많은 기술 혁신이 이루어졌다고 배웠어요."

"응, 수연이가 고등학생이어서 역시 많이 알고 있구나. 그러면 3차 산업 혁명을 알아볼까? 3차 산업 혁명은 1980년대 초반 PC(Personal Computer, 개인 컴퓨터)의 탄생으로부터 시작된 정보 통신 기술 혁명을 말한단다. 지금 우리는 정보 통신 기술이 이끄는 3차 산업 혁명 시대에 살고 있지. 3차 산업 혁명에서 가장 큰 사건은 인터넷의 등장이라고 할 수 있어. 그리고 이제는 4차 산업 혁명 시대로 접어들고 있지."

"그럼 우리가 어른이 되면 5차, 6차, 7차 산업 혁명이 일어날지도 모르겠네요? 헤헤."

너무 어려워서 조용히 듣고만 있던 한준이가 모처럼 대화에 끼었습니다.